地方紙の眼力

改憲・安全保障・震災復興・原発・TPP・地方創生

農文協 編

農文協
ブックレット

まえがき

「親方は、工房の隅に、東京での五輪開催が決まったことを報じる2013年9月の紙面をずっと張っている。写真の中で、首相も都知事も両手を上げて大喜びしている場面だ。

〈親方にとってぁ、この瞬間は、東北が東京がら、国がら捨てられだ瞬間だった。なぁして本気で、国挙げで、傷ついだ人だぢさ心ば注がねぇ。なぁしていづまでも、東京だげが栄えればいいって考え方ば改めねぇ。〉」（本書91頁）

右の一文は、本書のデーリー東北新聞社の報告から引用させていただいたものだが、南部弁で綴られた右の親方の思いは、東北という言葉をそれぞれの地方名に置き換えれば、本書にご執筆いただいたすべての地方紙の基本的な視座に通じるものがあることは、本書を一読いただければ、おわかりいただけるだろう。

2011年の東日本大震災の前後から、地域に暮らす人びとの生活を脅かす事柄が、立て続けに押し寄せてきている。それらの事柄の根底には、たとえ現象的には自然災害の形をとっているように見えても、本質的には世界的な新自由主義＝グローバリズムの動きが存在している。その端的な現われが、本書で取り上げた6つの争点、改憲・安全保障・震災復興・原発・TPP・地方創生だと思うのである。

ところが、現代日本の中央紙・全国紙は、この6つの争点を一つながりのものとして捉えることをせず、また、この6つの争点に対する政府の施策への批判力をも年々弱らせている。それに対して日本の各地の地方紙は、地域に暮らす人びとの側に立って、この6つの争点においても、国家を始めとする強権を社会に発揮するものへの批判的な視点を失っていない。この事実を、全国の地方紙の第一線で活躍されている記者の方々の報告という形で、広く知っていただきたい、というのが本書の第一のねらいである。

それにしても、各地の地方紙がジャーナリズムとしての批判力を失わない理由はどこにあるのだろうか。その理由を探る手がかりとして、ふたたびデーリー東北新聞社の報告から引用させていただく。

「（東日本大震災からの）復興が遅れ、先行きの見えない被災者たちは疲弊し、一層口が重くなっている。だからこそ地方紙は、今まで以上にその声を代弁していく必要がある。（改行）忍耐は東北人の徳であり、力でもある。しかし、その忍従だけでは、首都圏の人びとの意識を喚起させられないのではないか。すがるように国の政策を受け入れた結果として振り回され、耐え続けてきた地方の姿勢も問われる。意見を出して主張していかなければ、問題を全員で共有する議論に広げていくことはできず、国の構造も変わっていかない。」

強いものが弱いものを平気で切り捨てていくことに、黙って耐えるのではなくもっと怒ろう、そしてその怒りを国民的な議論に広げていこうというジャーナリストとしての使命が、地方紙の批判力＝眼力を支えているようなのである。つまり、本書で花田達朗氏に分析していただいたように、東日本大震災前後を境として、「地域の暮らしを侵すものを許さない」という視点を堅持することで、日本のジャーナリズムの潮目が、全国紙から各地の地方紙へ移ったのである。

しかし、ジャーナリズムとして気を吐く地方紙各社も、経営的には決して楽ではないと聞くし、沖縄の2つの地方紙への政府の恫喝が端的に示すように、地方紙への政府の圧力もこれからますます増していくだろう。そのような情勢に対抗していくには、どうすればよいのか。その答えはなかなか出ないかもしれないが、一つのヒントとして、これも本書で花田氏が提案されるように、地方紙の多様な形での連携・連帯があげられるだろう。その動きは、次の福井新聞社の報告のように、すでに始まっている。

「14基の原発を抱える福井県は、世界でも稀な原発の集中立地帯である。『世界一危険』とされる普天間飛行場や嘉手納基地など33もの基地に占有される沖縄。いずれの県も、それぞれが抱えている苦悩を国民の『無理解』にさらされ、『人ごと』という目で見られている点で共通している。沖縄2紙の紙上には、何度も弊紙の論説が登場している。現実を照射する地方紙の底力を信じたい。」

地域の暮らしを侵すものへの怒り、そして、その事実を無視するものへの怒り——歴史も風土も異にする各地方紙が、その怒りを言論において共有するところから、地方紙の新たな時代に向けての連携・連帯が始まるのかもしれない。

2017年5月

農山漁村文化協会編集局

まえがき　1

PART1　いま、なぜ地方紙なのか

地方紙のゆくえ　神戸女学院大学名誉教授　内田　樹　8

地方紙の連帯でジャーナリズムの危機を乗り越える　早稲田大学教育・総合科学学術院教授　花田達朗　17

地域の崩壊を食い止めるジャーナリズム　慶應義塾大学経済学部教授　金子　勝　31

国民の総意は地方紙にこそあらわれる　岡山大学大学院環境生命科学研究科教授　小松泰信　42

■批評の眼

ポスト真実ではなく、あるべき報道のために　武蔵大学社会学部メディア社会学科教授　永田浩三　53

PART2　地方紙が訴える時代の争点

■改憲
お試し改憲など言語道断
憲法を国家権力に委ねてはならぬ
福井新聞社　参与・特別論説委員　北島三男　58

■改憲
地域の一人を守ることが世界を変える
差別・排外主義と地続きの国家主義を撃つ
神奈川新聞社　デジタル編集部編集委員　石橋　学　69

■安全保障
「ポスト真実」の時代のネット報道を構築
沖縄の米軍基地問題への誤解・デマを解く
沖縄タイムス社　デジタル部部長　平良秀明　80

■震災復興
東北から「違和感」を発信する
デーリー東北新聞社　文化部長　川口桂子　90
複数の時間を響かせるために
作家　木村友祐　98

■震災復興
東日本大震災・被災地の人口急減の実態を報告
人口減少に適応した適少社会を構想
河北新報社　報道部震災取材班　中島　剛　101

■原　発
放射性物質に苦悩する農林漁業者の声を届ける
被災地の姿が忘れられないために
福島民報社郡山本社　報道部長　紺野正人　111

■ＴＰＰ
ＴＰＰから農業を守ると言い切れるのか
地域社会の切実な目線から発信
北海道新聞社　論説委員　森川　純　121

■ＴＰＰ
国民の理解を置き去りにするＴＰＰ交渉
「小さな農業」を守ってこそ地域が成り立つ
高知新聞社　論説委員　中河孝博　131

■ＴＰＰ
ゼニカネの話が全てになってはいないか？
ＴＰＰは都市部を含めたみんなの問題
熊本日日新聞社　編集委員　毛利聖一　140

■地方創生
「地方消滅」の現実を問う
中国新聞社　報道部　荒木紀貴　152

PART 1

いま、なぜ地方紙なのか

地方紙のゆくえ

神戸女学院大学名誉教授　内田　樹

地方紙が消滅した社会

地方紙の存否が社会にどういう影響を与えるかについて、数年前にアメリカ政府が調査を行なった。アメリカでは近年経営難での地方紙の消滅が続いたが、それが社会的に何を意味するのかの調査を連邦通信委員会が命じたのである。

地方紙の広告収入は１９９０年代に半減し、その時期の休刊は２００を超えた。記者たちの雇用条件も切り下げられ、多くが解雇された。２００１年時点でアメリカには新聞記者が6万人いたが10年で4万人まで減った（これは２０１１年時点での数字であるから、今はもっと減ったはずである）。

テレビにもニュース番組はあるし、ネットでもニュースは読めるから、別に地元の地方紙がなくなって誰も不利益をこうむることはないと読者たちは考えたのだろう。けれども、それは短見だった。

地方紙が消滅した地域では、「自分の住んでいる街で何が起きているか」を報道するメディアがなくなった。そこは「取材空白地域」になった。そうすると何が起きたか。具体的な例をあげよう。

カリフォルニアにベルという名の小さな町があった。そこの地元紙は、１９９８年に廃刊された。地元の出来事を報道するメディアがなくなると、市役所や市議会や裁判所や市立学校や市立病院を定期的に訪れ、定点観測する記者がいなくなった。すると、市の行政官は、それまで500万円だった年俸を十数年かけて段階的に12倍の6400万円まで引き上げた。市議会のメンバーたちも他の公務員たちも、お手盛りで給与を増額させた。住民たちはそのことを知らなかった。十数年間、市議会にも市議選にも、記者が一人も行かなかったからである。市議たちが市議会で何を決めているか、市民たちは知らなかったのである。もし市民たちが（年俸400万円ほどを供出して）記者を一人雇って、行政機関の活動を報道させておけば、数十億円の税金が私腹を肥やすのに使われることを防げただろうと調査委員の一人は語っている。監視されなければ統治機構は必ず腐敗する。ことは洋の東西を問わない。

地方紙の消滅によって、地方議会の選挙報道もなくなった。選挙報道がなされなければ、選挙についての関心は高まらない。立候補者が減り、投票率が低下する。誰が立候補して、どういう公約を掲げているのかについて情報が提供されなければ、有権者には選択基準がない。だから、知名度のある現職議員が多選される。住民の意思を代表するはずの立法府が、少数の「プロの政治家」たちの職業となった。

司法についても同じことが起きた。法廷取材記事は、公判を傍聴し、裁判資料を請求し、精査する記者なしには成立しない。法廷取材をリーダブルな記事にするためには、この手間を惜しまない生身の記者が要る。そのような負託に応えることのできる記者は地方紙のみならず、もう全国紙においても減りつつあると調査委員の一人は語っていた。

というふうに、行政、立法、司法という立憲デモクラシーの基幹をなす3つの制度は、いずれも市民を代表して、取材し、報道し、解説するという記者の支援がなければ健全に機能しない。というのが、連邦通信委員会の調査から私たちが学び得たことである。

地方紙の代替をネットができるのか？

そのような地方紙が果たしてきたこの機能を、他のメディアが代替できるであろうか。私は難しいだろうと思う。もちろんネットはある。けれども、ネット発信情報は、2つの弱点を抱えている。

一つは、ネットはすでに他のメディアが報道したニュースを高速で拡散する能力は抜群だが、ニュースを「掘り出す」ことはできないということである。ネット上にすでに存在する情報を選り分けたり、組み合わせたり、PV（ページビュー。ウェッブページのアクセス数計測方法の一つ）を算えて格付けすることについては高性能だが、「まだニュースになっていないこと」をニュースにすることはできない。

いや、できる。自分一人が個人的に見聞した出来事であっても、ネットを通じて世界に知らせることはできる、そう反論する人がいるだろう。けれども、これがそのままネットの第2の弱点につながる。個人が発信するニュースの真偽を判定する機能が、ネットには装備されていないからである。米大統領選挙で露呈したように、ネットを利用すれば悪意のある発信者が偽造するフェイクニュースがたちまち数億人に伝播して、それが一国の運命を左右することさえある。今のネットにはこれを制御する手立てがない。

もちろん、新聞やテレビにも誤報はある。だが、それは取材した記者やそれをチェックしたデスクや校閲による複数のスクリーニングをすり抜けて、はじめて人の目に触れる。悪意をもって捏造されたフェイクニュースが、いくつものチェックを逃れて新聞紙面やテレビ画面に出ることはまずない。新聞記者のアドバンテージ（有利な点）は、逆説的なことだが、固有名を持ち、報道を職業としており、記者としての信頼を失ったら失職するという「リスク」を負っている点にある。この「可傷性」が新聞の信頼性を担保している。どんなネットで匿名で発信する人びとにはそれがない。どんな虚偽を伝えても、どれほど人を傷つけても、とりあえずは罰されるおそれがない。その「アドバンテージ」が、そのまま彼らの発信するコンテンツの信頼性を損なっているのである。

新聞はもともと「小商い」であった

連邦通信委員会は地方紙を残すために、住民からの寄付を財源とする「NPOとしての報道専門組織」を各地で立ち上げることを推奨していた。どれほど実現可能性があるかわからないけれど、一つの解決法ではあるだろう。でもいかにも「アメリカ的」なソリューション（解決方法）だという気はする。というのは、開拓時代以来の「地方自治体の形成過程」をつぶさに記憶している人びとにとって、新聞の成立とその機能はかなりはっきりと可視化されているからである。

発生的には、新聞記者は、教師や医師や警察官や消防士と同じようなものであった。開拓時代に住民たちは、まず自警団を組織し、保安官を互選した。学校も自分たちで建て、教師は町の予算で雇った。医療も公衆衛生も、まず自分たちで責任を持ち、やがて専門家を雇い入れた。地方紙の発生も、それと同じプロセスをたどった。町の人口がある規模まで達したとき（1000人ほどの規模だろうか）、「町の新聞」が立ち上がった。それくらいの経営規模なら、購読料収入でなんとか編集発行人一人くらいの食い扶持は確保できる。その損益分岐点を超えたところで地方紙が生まれた。では、歴史的必然性があって生まれたものが、なぜ消えたのか。これもアメリカのケースを見るとわかりやすい。それは、新聞がビッグビジネスになってしまったからである。

20世紀に入って新聞は、「広告媒体」という本来の報道機関の役目とは、筋目の違う機能を発見した。広告媒体は「サイズが大きければ大きいほど金になる」というスケールメリットがあるから、新聞経営者がある限定された地方における報道機関として「小商い」にとどまることは、経済合理性から見て難しい。力のある地方紙は、できるだけ大きな規模になるのが自然過程だと思われた。しかし、そうやってビッグビジネスになったことが結果的に地方紙の首を絞めた。

新聞は本来、「金儲け」のために始まったものではない。新聞記者は、警察官や消防士や医師看護師と同じように「人間が共同体をつくって集団的に生きていくために必須の、基礎的な職業の一つ」だった。サイズが巨大化したせいで、新聞本来のその機能が忘れられてしまった。サイズが大きくなると、どうやってこの規模を維持するかという組織防衛が自己目的化し、それが最優先課題になる。管理部門が肥大化し、マーケティングや広告やメディアミックスやイベントの専門家たちのほうが新聞事業の中心に居座り、記者たちよりも高い給料を取るようになった。もともとは1000人サイズのマーケットから始まった「小商い」が、巨大な市場と大量の購読者がいないと成立しない不自由なビジネスモデルに作り込まれてしまったせいで、今経営難になった。だったら、別に迷うことはない、昔の「小商い」に戻せばよいと私は思う。

ビッグビジネスとしての新聞の終末

冷静に考えれば、数百万部数を発行することで回している全国紙は、ビジネスとしてはもう長く保たないだろうと私は見ている。私が紙面審議委員をしていた4年前、朝日新聞は年間5万部ずつ発行部数を減らしていた。「年間5万部というのは、危険な数字ではないか」という私の心配顔に、朝日新聞の上層部は「年間5万部なら、ゼロになるまで160年かかりますよ」と笑って応じた。けれども、2015年には部数減は年間45万部になった。減るペースが9倍になったのである。2016年は年間32万部減だった。ペースは落ちたが、それでもこのまま部数減が続けば、遠からず（早ければ10年で）、発行コストが収益を超える。事情は他の新聞も変わらない。全国紙はビジネスモデルとしてはいずれ破綻する。それでも不動産収入があるので、テナント料で新聞発行は続けられると、新聞社の上層部は言い逃れを言うが、そのような新聞に知的威信や倫理的信頼性を見出す読者はもういないだろう。

問題は、「全国紙というビジネスモデルは命脈が尽きつつあるのではないか」という一企業にとってのみならず、国民生活にとって死活的に重要なトピックを、全国紙が紙面で扱わないということである。マスメディアの役割が、これまでとまったく違ったものになるかも知れない（あるいは民放テレビも新聞もビジネスとして成り立たなくなるかも知れない）という重大事件に直面しながら、それを取材し、その意味を吟味し、その歴史的文脈を解説するという仕事を、メディア自身が放棄しているのである。

たぶん「そんな記事を出したらますます『新聞離れ』を加速させるだけで、そんな記事を書くのは自殺行為だ」とか、「自分の失敗をことさら言挙げするのは敗北主義だ。そもそも敗北主義がはびこったせいで『こんなこと』になったのだから、『すべてうまくいっている。何の問題もない』と言い続けるほうが、かえって事態は好転するのだ」というような妄言を口走る人たちが、マスメディアの上層部にいまだに巣くっているのかも知れない。いずれにせよ、全国紙が「全国紙の歴史的使命は終わるのか？」という問題を真剣に論じることはないだろう。だから、ある日、〝一夜明けたら名の通った全国紙がいきなり廃刊になっていた〟ということはありうると私は思っている。

クオリティ・ペーパー化――全国紙の未来像①

もちろん、全国紙が生き延びる道がないわけではない。

本稿は、地方紙のゆくえについて書くように依頼された原稿だが、「全国紙がどうなるか」の見通しが立たないと、それと相補的な関係にある「地方紙のゆくえ」も見通せないので、もうすこしそれについて書く。

生き残る道の一つは、もちろんネットとの連携である。だが、これはさまざまな人が知恵を絞って考えているだろうから、そちらに任せる。もう一つは、「クオリティ・ペーパー」（エリート層を読者とする質の高い新聞）へのダウンサイズである。これは新聞社内にも真剣に考えている人はいるはずである。『ザ・ガーディアン』は25万部、『ル・モンド』は30万部、『ニューヨークタイムズ』は１００万部である。正確な報道と深みのある分析ができれば、それくらいの数の読者は日本国内でも確保できるかも知れない。そう考えている人はいると思う。だが、私は無理だと思う。クオリティ・ペーパーというのは、階層社会においての
み成り立ちうるものだからである。

英国やフランスのような階層社会では、それぞれの階層の人たちは、「自分たちの階層のためのメディア」を選択することを義務づけられている。例えば、〝ワーキングクラスの青年がパブで『ザ・ガーディアン』を読む〟というようなことは事実上ありえない。それは、「所属階層に対する裏切り」として解釈されるリスクをもたらすからである。階層社会では、階層ごとに話す言葉が違い、着る服が違い、食事するレストランが違い、訪れるリゾートが違う。読む新聞も違う。そういう歴史的条件が、ヨーロッパ的な「クオリティ・ペーパー」を存立させている。日本のように、数千万規模の「知的中産階級」が存在し、それを読者に想定して営まれてきた全国紙を、今さら「知的上流階層限定」メディアに作り直すことはできない。そのような記事を待望している読者も、そのような記事を書ける記者も育ててこなかったのだから無理である。

たしかにグローバル化の進行に伴って、日本でも階層二極化は起きている。だが、そこに生まれつつある「上層」の人たちは、別に日本語版のクオリティ・ペーパーなど求めてはいない。彼らは自分が知りたいこ

とをこれまで「読者限定」の情報ネットワークを通じて排他的に受信することを通じて「上層」に到達したわけである。そのような特権的メディアを、さらに排他的に運用して、「『自分が知っている情報』を知る人の数を減らすこと（平たく言えば「愚民化」ということだが）」以外に「上層」の人びとがメディアに特段求めているものはない。

というわけで、全国紙がその取材力や分析力を活用して、「ニューヨークタイムズみたいな新聞」になるということは、「読者がいない」「記者がいない」という二重の制約ゆえに、実現しないだろうと私は思う。

全国紙の地方紙化——全国紙の未来像②

全国紙生き残りの第3のソリューションは、言う人があまりいないが、「地方紙化」である。「小商い」への回帰の一つの解である。

「全国紙の地方紙化」というのは、現在の地方紙経営者にとっては悪夢のような話だが、「絶対ない」とは言い切れない。もし今私が朝日なり読売なりの社内の人間であり、「急激な部数減の中で、どういう変身を遂げるべきか？」という問題を論じるためのワーキンググループに配属されたら、「地方紙化」というアイディアはかなり早い段階で吟味してみるだろう。シェアそのものが縮小してゆく中で、新聞発行部数の40％を占める地方紙のシェアを「食い」に行くという「攻め」の戦いは理論的には「あり」である。

私なら、数百万部規模の全国紙を数十万程度の「地方紙」に分割することを提案する。本社機能は縮小されて、通信社的なものになる。そこが、国政・外信・経済・学芸などの記事を配信する。地方紙配属の記者たちは、地方のニュース報道に特化する。それぞれのフランチャイズで、地に足の着いた適切な報道を行なう。

これまでも全国紙にはアリバイ的に地方版紙面が挟み込まれていた。だが、だいたいが「心温まる記事」か「官庁の広報」で埋め尽くされており、読者にとって緊急性の高い記事が載ることはほとんどない。私が言う「地方紙化」というのは、そういう記事を全面化することではもちろんない（そんなものは誰も買わない）。ローカルな出来事に取材した記事を批評性に富んだ、読み応えのあるもの、可能なら世界性のあるものにするということである。今、自分たちの住む場所で何が起きているのか、なぜそのようなことが起きたのか、それはこれからどのような変化をもたらすのかについて、深みのある、見晴らしのよい記事を掲載することである。

一地方から世界に向けて発信する道

そんなことができるはずがないと、冷笑的になる人がいるだろう。そうでもないと私は思う。私がこの「新しい地方紙」の記者に求めるのは、アガサ・クリスティが造形した「ミス・マープル」的な批評的知性である。ミス・マープルはロンドン郊外の小さな村に住み、編み物と庭いじりを趣味として静かに暮らしている老嬢であるが、居ながらにして人びとが持ち込む解決不能の難事件を次々と解決してしまう。いかなる驚天動地の事件に遭遇しても、彼女は「そういえばそれと似たことがこの村でもあった」と応じることができる。いわば彼女はどのような巨大な数であっても、それを「彼女がその表裏を熟知している村の出来事」に素因数分解してしまうのである。同じように、地方紙でも「世界性のある記事」は書けると私は思う。小さな村の歴史と逸話のうちにも世界を理解する手がかりがあるというミス・マープルの揺るがない確信に私は同意する。

全国紙が地方紙化するにせよ、地方紙が生き延びるにせよ、いずれの場合でも、「日本国内の一地方から世界に向けて発信する」という「攻め」のスタンスは必須だろうと私は思う。それくらいのことしか、私には言えない。

地方紙はこれからどうあるべきかという問いに地方紙単独で答えることはできない。これから全国紙がどうなるのか、雑誌媒体はどうなるのか、テレビはどうなるのかといういくつもの並列的な問いとの関わりの中でしか、この問いに答えることはできない。

もう一度書くが、私からの提案は「小商い」への回帰である。サイズを小さくして、経営のための管理コストを削減する。それによって得た資源を、記者たちの取材と執筆のために優先的に配分する。そうやって正確な報道と鋭い批評性を誇れる新聞を出し続けること。そういった地方紙が複数でゆるやかな相互支援のネットワークでつながって、質の高い記事を共有する。そういう漠然としたモデルしか今のところ私は思いつかない。

株式会社というのは「右肩上がりの経済成長」と

「右肩上がりの人口増」を自明の前提として設計された制度である。だから、株式会社的な発想で新聞の問題を考えている限り、「経済成長しない社会」「人口減社会」において「これが正解」という解は絶対に出ない。日本の経済成長はもう終わったし、人口はこれから減り続け、22世紀になる頃には6500万人まで減る（厚労省の中位推計ではそうだ）。これは日露戦争の頃の人口である。80年少しで6000万人減る勘定である。

この人口減に対処するためには、あらゆる社会活動の規模を縮小して、質を維持する以外に手立てがない。大量生産、大量消費、大量廃棄というバブル期のようなことは二度と起こらない。ありものをていねいに使い回して、日本列島に蓄積された豊かな国民資源をフェアに分配して、衆知を集めて集団として生き延びる方途を探るしかない。地方紙の行き先も、またそのような人類史的展望のうちに位置づけられなければならないだろう。それ以上のことは私にはわからない。

（うちだ たつる）

地方紙の連帯でジャーナリズムの危機を乗り越える

早稲田大学教育・総合科学学術院教授　花田達朗

1、いま地方紙の存在感が高まっている

集団的自衛権をめぐる二極分解

ここ3年で日本のジャーナリズムの潮目は大きく変わった。一つの兆候は、地方紙と全国紙の差異が、販売エリアの視点からではなく、ジャーナリズムとしての立ち位置の視点から見て決定的になり、両者は範疇の違う新聞になったと言っていいのではないかということである。さらにそれをより広げて見れば、全国紙、NHK、共同通信という東京に本拠地を置く「東京メディア」群を一極とし、他方に全国に散在する地方紙群をもう一極とする二極分解の様相を呈してきたと、私には思われる。これは〈中央と地方〉の格差と分断を背景にした「中央メディア」と地方紙の二極分解だと言ってもよい。地方紙に一部の地方民放局を加えることも可能だろう。

そのはじまりは、憲法問題や安保法制だと言える。テーマとして戦後政治の分水嶺である。東京新聞（注1）の2014年6月29日朝刊の1面は「集団的自衛権 広がる『反対』『慎重に』」のタテ見出しで、「安倍政権が目指す集団的自衛権行使容認の閣議決定に対し、地方議会で反対、慎重な対応を求める意見書を可決する動きが広がっている」とし、その時点で可決済みは190に達し、「逆に、全国1788の自治体で

政府方針を支持する意見書は一つもない」と報じた。

印象的なのは、その10日後の7月8日朝刊「こちら特報部」の紙面である。「地方紙は批判が圧倒」のタテ見出しで、安倍政権が1日に閣議決定した解釈改憲による集団的自衛権容認について全国紙だけ見れば、読売・産経対朝日・毎日で賛否は互角のように見えるけれども、全国を見れば、地方紙42紙中、39紙が社説や論説で反対を表明していると報じた。しかも、「四十七都道府県のうち、首都圏や関西圏などを除く三十七道府県で地方紙が販売部数、普及率でトップを占める」ことからすれば、反対優勢は「国民の声を反映」(ヨコ見出し)したものだとした。

朝日新聞の退却と挫折

この構図と傾向は、震災復興、原発再稼働、TPPなどの重要な政治的争点についても同様のように見受けられた。が、2014年9月11日、「原発『吉田調書』記事取り消し事件」が発生。木村伊量・朝日新聞社長が謝罪記者会見で、そのスクープ記事を「誤報」だったとして取り消したのである(注2)。これで山脈の形が変わり、今日に至る状況がさらに明確になったと言える。政府が公開を拒否していた福島第1原発所長の調書を朝日新聞の記者が情報提供者から入手し報道したスクープなのだが、それに対して「日本人を貶めるもの」というパターンによる批判がまず週刊誌から起こり、遂には産経、読売、共同通信、毎日などの「東京メディア」が「調書」を不自然なことに次々に入手して、「誤報」だと報道した。その朝日批判の包囲網の中で、社長は「誤報」と認めて謝罪したのであった。

この事件全体の本質は何だったかと言えば、内部的には経営による編集への介入により両者の分離が侵害されたこと、外部的には朝日新聞が政権からの圧力とそれに同調するメディアからの批判に屈したことである。

ここで一つ指摘しておきたいのは、朝日新聞が白旗を上げたことによって、政権からのメディア批判に対するこれまでの衝立てがなくなってしまったということである。「東京メディア」にはもはや大きな差異はなくなり、政権との距離の取り方においては大同小異でしかない。衝立てが倒れたことで、地方紙などのメディアはもろにその強風を受けることになってしまった。

地方紙の自覚と独立

以上のような経過を経て、冒頭に述べた今日の「東京メディア」と地方紙の二極分解がはっきりしてきたと言える。どちらが日本のジャーナリズムを担っているか、そしてこれから担っていくかは明らかである。それは何の基準で判断されるのか。ジャーナリズムの基本原則から見ればよい。「公権力の監視」(watchdog)と「社会的に弱い立場の人びとへの寄り添い」である。英語ではウォッチドッグとも称するが、パブリックサービスともいう。すなわち権力を監視することを通じてパブリック(公衆)に奉仕するという意味である。つまり、ジャーナリズムはビジネスではない、ということだ。さらに、それらの前提となるのだが、自ら権力を求めず、無権力による力を持つという構えである。したがって、基準は発行部数の多さでも、政権への近さでも、不動産による収益高でもない。

この新しい構図の中で、いま地方紙は地方紙として何をやるべきか、どうあるべきかという自覚を高め、日本のジャーナリズムの独立した一角を作り上げてきているように思われる。私の見当違いでなければ、そうだ。それを確認するためには、早稲田大学ジャーナリズム研究所編『日本の現場―地方紙で読む2016』(注3)が役に立つだろう。そこには北から南まで地方紙18紙、36本の連載企画記事が収録され、全国どこの読者でも読めるように提供されている。地方紙こそは日本社会の現場に深く入り込み、人びとの声に耳を傾け、そこで何が起こっているかを記録し、読者に考える材料を提供し、社会の改善・改良につなげようと活動しているジャーナリズムの本丸なのである。そのことは東京にいては見えてこない。東京や大阪で全国紙だけを読む人びとには分からない。

2、地方紙の底力はどこから来るのか

新聞市場構造における地方紙と全国紙

「地方紙」と言ってきたけれども、それはどのような新聞なのか。日本の一般日刊新聞は、その販売市場から見て、全国で販売する全国紙、道ないし複数の県で販売するブロック紙、一つの県で販売する県紙に分類され、そのうちブロック紙と県紙をまとめて地方紙と呼ぶ(注4)。全国紙とは本拠地が東京にあり、別に中央紙、東京紙という呼び方もある。つまるところ、中央と地方、中央紙と地方紙の区別なのである。

表1　全国紙5紙と地方紙41紙の市場占有率と部数減少率

	2006年11月		2016年11月		減少部数		減少率%
	販売部数	市場占有率%	販売部数	市場占有率%	販売部数	割合%	
全国紙5紙	27,303,036	62.2	22,684,458	60.7	−4,618,578	70.8	−16.9
地方紙41紙	16,586,590	37.8	14,680,131	39.3	−1,906,459	29.2	−11.5
全体	43,889,626	100.0	37,364,589	100.0	−6,525,037	100.0	−14.9

・一般社団法人「日本ABC協会」公査のデータ、2006年11月度および2016年11月度の「ABC社別販売部数表」をもとに筆者が計算した。
・ここに計算されている地方紙41紙には琉球新報と沖縄タイムスは含まれていない。したがって、地方紙43紙の販売部数はこの表の数字よりも多い。

販売部数を一般社団法人「日本ABC協会」公査の2016年11月の数字で見てみよう。表1に示すように、全国紙5紙（朝日・毎日・読売・日経・産経）の販売部数合計は2268万4458部で、10年前の同月比では16・9％減少している。他方、地方紙は全てを網羅していないが41紙（沖縄の2紙が含まれていない）で見ると、1468万131部で、10年前より11・5％の減少となっている。

ここから分かることは、一般日刊新聞販売部数の約6割が全国紙で、約4割が地方紙で占められており、新聞離れが言われる中で、販売部数の減少率は地方紙よりも全国紙のほうが高く、実数で見れば減少した部数全体の7割は全国紙のものだということである。また、全国紙を詳しく見てみると、首都圏（東京都およびそれに隣接する千葉、埼玉、神奈川の3県）と関西圏（大阪府およびそれに隣接する京都府と兵庫、奈良、和歌山の3県）への集中度が高いということである。表2に示すように、首都圏および関西圏への集中度は朝日・毎日・読売・日経では約60％、産経では80％を超える。朝日・読売・日経は首都圏のほうが、毎日・産経は出身地である大阪府のある関西圏のほうが

表2　全国紙5紙の首都圏・関西圏への集中度

	朝日新聞		毎日新聞		読売新聞		日本経済新聞		産経新聞	
	販売部数	%	販売部数	%	販売部数	%	販売部数	%	販売部数	%
首都圏	2,749,040	43.4	793,135	26.4	3,981,584	45.2	1,195,347	45.1	470,924	31.2
関西圏	1,340,007	21.2	1,005,916	33.5	1,686,834	19.1	462,188	17.4	791,899	52.5
首都圏・関西圏の合計	4,089,047	64.6	1,799,051	59.9	5,668,418	64.3	1,657,535	62.5	1,262,823	83.7
全国合計	6,329,716	100.0	3,004,020	100.0	8,810,363	100.0	2,651,703	100.0	1,509,713	100.0

・一般社団法人「日本ABC協会」公査のデータ、「2016年11月度 ABC都道府県別部数表（朝刊）」をもとに筆者が計算した。表1で用いた「2016年11月度 ABC社別販売部数表」とは数字に若干のずれが見られる。
・ここで「首都圏」とは東京都およびそれに隣接する千葉、埼玉、神奈川の3県の1都3県を、「関西圏」とは大阪府およびそれに隣接する京都府と兵庫、奈良、和歌山の3県の2府3県を指している。

多い。つまり全国紙とは、60%を首都圏および関西圏の1都2府6県で販売し、残りの40%を1道37県で分散的に販売しているということである。それらの道・県では地元の地方紙が多くの場合、50%以上のトップの市場占有率を持っている。高いところでは、高知新聞の市場占有率は86・9%、徳島新聞のそれは86・3%に達する。ほとんどの家庭が、地元紙を講読しているという状態である。これが日本の新聞市場の概観である。全国紙と地方紙の到達度の状況、引いては世論の反映構造として頭に入れておく必要がある。

「全国紙」とはいまや誤解を与える呼称だと言えるだろう。「大都市圏紙」と言ったほうが実態に即しているかもしれない。今後、より一層、その性格は強まっていくだろう。なぜなら、全国紙は効率の悪い地域を放棄し、人口集積地帯、つまり大都市圏に精力を集中するようになったからである。地方の取材網の縮小は進んでいる。

ところで、不思議に思う人がいるかもしれない。どうして販売市場が県という行政単位と一致しているのか、と。それは1942年（昭和17年）までに完成する新聞統合に遡る。国家総動員法による戦争体制の構築の中で、情報統制を目的として新聞が強制的に合併させられ、「1県1紙体制」が布かれた。１９３７（昭和12）年に１４２２紙を数えた新聞は5年後に55紙へと激減した。その戦時体制が戦後も残ったのである。そこで行政単位と新聞販売エリアが一致するという反市場的な事態がいまも続いている。

　皮肉なことに、その「1県1紙体制」に由来するものではあるが、今日では地方紙が県という規模の適度なサイズの市場で経済基盤をもち、全国紙と競争してもその地盤を守っていること、そして政治的圧力があっても耐えられるような経営基盤があるので、意志さえあれば言論機関として独立していられるのである。いくら中央の政権が気に入らない地方紙を潰したくても、そう簡単には潰せないだけ独立しているのである。

地方紙の歴史的ＤＮＡ

　全国紙と地方紙ではその出自が異なる。新聞統合の前には、地方にはたくさんの新聞があった。それらはいろいろ背景を持っているが、自由民権運動と関係しているものが少なくない。明治国家の形成期にどのような憲法を作るかで、国権派と民権派に割れたが、民権派は全国津々浦々で自由民権運動を起こし、政論新聞を発行した。さまざまな憲法草案が地方で作られた。民権派の新聞が弾圧される中で、民衆は街に繰り出し「新聞の葬式」を出して抗議した。遡れば、地方紙はこうした歴史と結び付いている場合が多い。他方、全国紙の起源は大阪や東京の都市住民を読者とした、明治時代の「小新聞《こしんぶん》」である。それは政治を議論する新聞ではなかった。

　ここにＤＮＡの違いがある。もともとのカルチャーが違うのである。地方紙ジャーナリズムに強さがあるとすれば、その土地の歴史の中で、かつて真摯な議論が行なわれ、新聞がその媒介を果たしたという記憶に遡るのではないかと思われる。

地方紙と地域および読者との関係

　地方紙の現在の強みは、全国紙とは違う、地域や読者との関係にある。そして、そこから生まれる報道姿勢にある。それは当事者に語ってもらうほうがよい。長野県の県紙、信濃毎日新聞の元編集局長・副社長の猪股征一は、１９９１年に外国人労働者の問題をキャンペーンした連載「扉を開けて」を振り返って、「私たち、長野の記者が、職場だけでなく教育や裁判、医療など地域社会の中での差別や人権侵害、住民との軋《あつ》轢《れき》などさまざまな現実をルポし、問題を提起しているのになぜ、東京のメディアが、『開国鎖国論』以上の報道をしないのか。しかも、東京二十三区内には新聞、放送などメディア関係者の六割が居住していると の推測もあるのに。」(注5)と自らに問うた。その違いが生まれる理由を猪股は次のように書いている。「地域社会がきしみを上げ、痛みを訴えてはじめて問題は顕在化する。その問題が実は日本全体の問題であり、世界の問題でもある。私たち地域にいる記者が、東京の霞ヶ関や永田町にいる記者よりも、優位な環境に恵まれているというのはこういうことだ」(注6)。本質を突いている。記者がその地域に暮らす生活者だからこそ、地域の読者が直面している問題が現場で見えて、理解できて、それに対峙していくことができるのだということが分かる。社会問題とは日常生活において捉えられるのだ。

この関係は他の地方紙についても言える。猪股は、2015年に発生した自民党国会議員の「文化芸術懇話会」での発言問題で、次のように書いている。「米軍普天間飛行場の県内移設に反対する沖縄県民の声を『ゆがんだ世論』といい、沖縄の新聞2紙をつぶすという、言論封殺発言にまで及んだ背景には、地方紙が反対するから県民が反対の世論になる、との逆立ちした見方がある。地方紙と読者との関係を理解できていない。地方紙が読者の側に立ち、寄り添い、地域社会や日本、世界を見つめて報道する結果が紙面に現れる。読者が反対なら、紙面も反対の世論になるのだ」(注7)と。これが地方紙の立ち位置というものだろう。沖縄2紙の報道姿勢は特殊なのではなく、地方紙の普遍的な姿勢なのである。

3、地方紙こそはプレスの本来の姿

普遍的なプレスの性格

西欧で発生したプレスも、明治期の政論新聞も結社からはじまった。ジャーナリズム活動をやりたい人びとが集まって同志として結社を作った。ジャーナリズムという目的があって、それを達成するために、その活動の舞台としてプレスというメディア組織が、つまり手段として作られたのである。そういう目的と手段の関係があった。日本ではメディアの産業化、商業化が一段と進んだ１９６０年代以降、この関係が逆転したと言ってよい。まさに高度経済成長の時代にメディアは「花形産業」となって、「マスコミ」として巨大化していった。新聞は発行部数の増大をはかり、放送はエリアと視聴率によって到達度の増大をはかった。スケールの拡大が追求されていった。

　しかし、私はジャーナリズムを目指す新聞には、適切なサイズがあるのではないかと考える。大発行部数であれば、旧ソ連のプラウダや中国の人民日報がある。それがジャーナリズム機関だとは、誰も思わないだろう。中国であれば、改革開放経済体制の下で出てきたさまざまな都市報に、ジャーナリズムを見ることができる。彼らはギリギリのところで共産党の中央政府や地方政府と闘っている。

　いま日本の新聞は、果たしてパブリックサービスなのか、ビジネスなのか。ビジネスをやるのなら、確かに大きいほうがいいだろう。しかし、パブリックサービスを選ぶのなら、大きい必要はなく、適切な規模であればよい。新聞にとっての適切なサイズとは、先に述べた地域および読者との関係が実現できるのが適切なサイズだということになる。大き過ぎれば、地域や読者から離れ、組織が官僚化する。小さ過ぎれば、経営基盤が弱くなり、独立性が危うくなる。「パナマ文書」報道で世界に名を馳せたドイツの南ドイツ新聞は、ミュンヘン市を中心とした地域で販売される「広域紙」である。首都ベルリンに本社があるわけではない。２０１６年第３四半期の販売部数は35万８３６５部（出典：Statista)。この数字は南日本新聞より多く、河北新報より少ない。つまり、日本の地方紙並みの部数なのである。

　もしも、地方紙よりも全国紙のほうが上だという価値序列があるとすれば、それは間違いである。それは大きいもの、中央にあるものが上だという、ジャーナリズムから見れば、意味のない価値観だと言わなければならない。それ以前に、その価値観は日本だけで通用する独特なもので、世界のジャーナリズムでは通用しない。問題は量やスケールではなく、ジャーナリズムの質（クオリティ）なのである。

「土地」と新聞社のつながり

　新聞とは地を這うメディアである。空を飛ぶ放送とは違う。特に日本では、個別配達制度によって新聞は一軒一軒配達されていく。地域に根を張る販売店網によって成り立っている。地方紙と地域およびそこで暮らす読者との関係についてはすでに述べた。新聞とは「土地」抜きには語れない存在なのである。

その「土地」で生きるとは、抽象的で頭でっかちなことではなく、具体的で経験的で現実的なことである。その「土地」の自然や風土や歴史から強く影響を受けつつも、その「土地」でより善く生きていこうとする市井の人びとと ともに生きていくことである。「喜怒哀楽」をともにすることである。と言って、それが直ちに保守的になるということではないだろう。

その「土地」に密着する、離れない、逃げないというとき、この過度に中央集権化され、中央と地方の序列関係で作られている日本システムの中では、「地方の自立と自律」、地方自治こそが重要な、対抗的な視点になる。地方自治は単に政治機構的な問題ではなく、経済的、社会的、文化的な地方自治をも含むだろう。そこで地方紙こそは枢要な位置にあり、重要な役割を果たす機関なのである。また、果たさなければ存在価値がないと言ってよい。地方紙は地方自治の一つの構成要素なのである。

地方紙の調査報道

では、地方紙は地方自治とどう向き合っているのか。これも当事者に語ってもらうのがよいだろう。富山県の県紙、北日本新聞の元編集局長の梅本清一は、次のように書いている。「地方自治への取り組みは地方紙、ことに北日本新聞にとって永遠のテーマだと、思っている。『よみがえれ地方自治』以来、さまざまな連載を企画している。（中略）例えば、地方分権推進法成立直後の1995（平成7）年には『市町村われらが自治の砦』を企画、まちおこしやむらおこしに汗を流す自治体や住民の姿を描き、国に真の地方自治の実現のため、権限の移譲が欠かせないことを求めた」（注8）と。

そして、梅本は「暴くこと」は新聞の使命だと、正面切って言う。それが「よみがえれ地方自治」でも果敢に実践された。「今日の地方議会にもなお一部当てはまる内容だが、当時、地方紙が議会の実態を県民読者に明らかにしたこと自体、勇気がいったかもしれない。これも『暴いた記事』だった。時代に埋もれた悪しき制度や悪弊を白日の下にさらす。当然、当局や議会の反発、抗議、異議も予想されるが、反論できるだけの事実を掘り起こし、書き切ることである」（注9）と梅本は書いている。これはまさに調査報道のことだ。調査報道の精神は地方紙で生きているのである。だからこそ、2016年のクリーンヒットは地方紙で生まれた。議員による政務活動費の不正取得の暴露である。その突端を開いたのが、梅本のいた北日本新聞による、富山県下の地方議会の議員報酬増額や政務活動費にからむ疑惑の報道であった。そこから、地方議会を厳しく検証する動きが全国へと波及した。地方紙の調査報道による「公権力の監視」機能の見事な発揮をここに見ることができる。富山県で起こる権力の不正は当然全国で起こっているのだ。どんな不正や腐敗でもどこかの地方紙が暴露の先鞭をつける必要がある。どこがそれをやるかである。その点で地方紙が競争すればよい。

4、地方紙の困難とそれを乗り越える道

読者を失わないために

冒頭で述べたように、全国紙との差異がはっきりとするにつれて、地方紙の存在感は高まっている。しかし、地方紙をめぐる状況は困難であり、楽観はできない。固唾を飲んで見守っているという実感が私にはある。貴重な存在である地方紙をどうしたら守り、持ちこたえさせ、盛り返させることができるのだろうか。一言で言えば、地方紙の弱点を克服するためには、個々の地方紙が単独に孤立して存在するのではなく、ジャーナリズム機関として地方紙同士の連携と連帯が必要だと考える。私見を以下に述べていきたい。

まず地方紙の読者を失わないためにはどうしたらいいか。自分たちの土地、その産物、その雇用、その文化、その歴史、その人びと、その利益のために闘っている姿を読者に見せることが最大の方法ではないかと思う。その際、地方紙の間の紙面交換、相互掲載、共同取材などの連携によって、地方紙同士のつながりを読者に向けて可視化していくことが重要だ。ローカルな課題には必ずその地域を越え、日本全体や世界に通じる共通性や関連性があるはずだ。そのような可視化によって、一つの地方が閉じて孤立しているのではなく、他の地方と開かれてつながっていることを示すことができる。そのように地方同士がつながることによって初めて、中央の権力に対して対峙し、地方を自立と自律へと導く展望が開かれるのではないだろうか。

ぜひ地方紙の間で調査報道の共同取材、同時掲載を企画してほしいと思う。

象徴的な事例を私は次のことに見る。沖縄２紙への政権与党からの攻撃について先に猪股の著書から引用したが、その箇所のすぐ後で次の事態がまとめられている。２０１５年6月26日に琉球新報と沖縄タイムスの編集局長が出した連名の抗議声明を、翌日に31紙の地方紙が掲載し、28日に両紙編集局次長が共同通信に長文の寄稿を送り、その共同配信を、翌日に全国で35紙が掲載したという点だ。それは大部分の地方紙による連帯の表明だったと言えるのではないだろうか。東京では東京新聞が両方の全文を掲載して、私はそれを読んだ。全国の読者側から見れば、自分の読んでいる地方紙が沖縄の地方紙とつながっていること、それへの攻撃が地方に住む者として他人事ではないことが感じ取られたのではないだろうか。私が調べたところ、そのとき全国紙では朝日と毎日が両局長連名の抗議声明を掲載しただけであった。プレスの自由が脅かされているとき、日本の新聞界全体としてはもはや団結も連帯も存在しないのだ。その事実をリアルに知るべきだろう。

市場を失わないために

地方紙同士の連携は内容面のみならず、技術面や経営面でも進められるべきだろう。技術面では阪神淡路大震災を切っかけにして「災害・障害発生時の相互援助協定」の締結が進み、現在では協定を持っている社は9割近くに達する。その協定は「災害時など不測の事態により新聞制作や工場での印刷が不可能になった場合に、当該社の新聞発行を継続するため、新聞制作や印刷、発送の代行を援助することなどを取り決めている」(注10)。まだ協定がなかった阪神淡路大震災のときには、被災した神戸新聞の新聞発行を京都新聞が支援した。現在、全国紙の朝日・読売・日経が3社間協定を結んでいるが、地方紙は多くが近隣の地方紙同士で結んでいる。新聞発行をストップさせないための方策ではあるが、地方紙間の連携の具体例でもある。

経営面では再販制度廃止に備えておいたほうがよいのではないだろうか。再販制度とは特殊な商品であるという指定を受けることにより、小売店ではなくメーカーが価格を決定できるという例外を許す制度である。この適用を新聞が受けていることにより、購読料は新聞社（メーカー）が決め、どこでも同じ値段で売っている。これにより個別宅配制度は守られてきたとみなされている。これに対して公正取引委員会は、間欠泉のようにその廃止に動こうとしたが、その都度、新聞界の反対キャンペーンと政治力によって撤回を余儀なくされ、再販制度は維持されてきた。

もしこれが廃止されたら、どうなるのか。おそらく新聞の安売りがはじまるだろう。販売市場スケールの大きな新聞社は、ある限定された地域だけで安売りをしても、経営的には全体で吸収することが一定期間は可能だろう。しかし、その地域だけしか販売市場を持っていない新聞社にとっては、競争上そこで安売りをすることは、すぐに収益の悪化を招くだろう。場合によっては倒産するかもしれない。けれども、地域の読者は、仮に高くても地元の新聞を講読し続けるのかもしれないし、したがって値下げをしなくてもよいのかもしれない。これは蓋を開けてみないと分からない。

とは言え、この問題については、地方紙同士で何らかの相互防衛援助協定のようなものを検討してもよいのではないかと思われる。阪神淡路大震災のような激震が走る前に、である。

中央で権力監視をするために

すでに古典となった『地方紙の研究』で鎌田慧は、「地方自治は、いうまでもなく、民主主義の基盤である。国の交付金による支配と従属の関係は、大きく変わりつつある。地方紙にあらわれた記事の検証によって、地域の変貌を確認できる」(注11)という問題関心のもと40紙に及ぶ地方紙を取材した。その「あとがき」で鎌田は、「もしも全国紙の記者が、『地方紙は地方権力に弱い』と批判するならば、地方を支配している中央権力を、中央で撃つのが全国紙の役割のはずだ。ジャーナリズムの世界での分断は、都市、地方を問わず、住民にとって不幸である」(注12)と書いている。15年前のことだ。

2017年のいまはどうか。全国紙は中央の権力を撃つことをしているだろうか。すでに述べたように、そこからは撤退していると見ざるをえない。いや、撤退ではなく「退避している」とでも言ってほしいのだろうか。はっきりしていることは、不幸にして、この間に、ジャーナリズムの世界で、全国紙と地方紙の「分断」はより一層深まってしまったということである。

では、一体誰が中央権力の監視、watchdog をやるのか。私は地方紙の有志連合が、東京で新聞を発行してはどうかと考えている。これまでのような全国紙の東京目線ではなく、地方紙の目線で協同して首都で新聞を発行するのである。発行部数は多い必要はない。機能とその存在が重要だ。国会と中央政府と最高裁を監視する。地方紙が地方議会と地方政府を監視するのは当然の役目であるが、それだけではなく地方選出の議員によって構成される国会を地方紙が地方の視点で監視することはきわめて重要なことである。そして、中央政府の監視を東京メディアがやらないのであれば、地方紙がやればよい。司法機構の頂点に立つ最高裁の監視にしてもそうだ。幸いに地方紙各社は東京支局を構えている。その人材を活用して、協同して新聞創刊の編集局を編成することは可能ではないだろうか。永田町と霞が関をターゲットにした調査報道（注13）に徹すればよいのではないだろうか。

　このようにして、地方紙の連帯でジャーナリズムの危機を乗り越えることはできると私は思う。楽観的に過ぎるだろうか。現実離れしているだろうか。地方紙に幻想を見ているだろうか。しかし、ほかにどこに、この中央支配の権力構造にブレーキをかける力があるだろうか。地方紙の経営者、編集幹部、記者、そして制作、広告、販売のスタッフ、販売店主が一丸となって、ビジネスとしてではなく結社として新聞社を捉え直すことで、そして「土地」を這うメディアの個性を再確認することで、それは可能だと考える。その成否はそれら当事者の意志と能力に委ねられていると思う。

注

（1）東京新聞は名古屋に本社のあるブロック紙・中日新聞が東京で発行する東京のローカル紙。日本新聞史に名を残す「都新聞」と「国民新聞」を前身とする「東京新聞」であるが、中日新聞が1964年にその発行を題字ごと引き継ぎ、その後中日新聞東京本社が発行している。ここで筆者が「東京メディア」と呼んでいる範疇には入らない。ちなみに東京新聞の販売部数は48万8576部。中日新聞名古屋本社の販売部数は244万6183部。合算すれば、293万4759部となる。これは産経新聞の156万6580部、日経新聞の272万4779部よりも多い。数字は一般社団法人「日本ABC協会」公査のデータ、「2016年11月度 ABC社別販売部数表」の数字。表2の数字とは若干のずれがある。

（2）この事件は一般の人には分かりにくい事件だったかもしれない。そのように演出されたので。メディアに関わる人でさえ曖昧なイメージで記憶している。事件を詳細かつ明快に解剖したので、花田達朗「『吉田調書』記事取り消し事件の論理的解剖」編集委員会編（編集代表　鎌田慧・花田達朗・森まゆみ）『いいがかり―原発「吉田調書」記事取り消し事件と朝日新聞の迷走』七つ森書館、2015年、18～44頁、を参照していただきたい。

(3) 早稲田大学ジャーナリズム研究所編『日本の現場―地方紙で読む2016』早稲田大学出版部、2016年。筆者はその「あとがき―地方紙の現在と可能性」の結びで、「『地方』という変化可能なコミュニケーション空間を成立させるうえで、地方紙ジャーナリズムの役割に期待するところは大きい」と書いた。

(4) 県紙よりももっと小さい市場を対象とする新聞に地域紙がある。これも興味深い存在なのだが、紙幅の関係でここでは取り上げられない。日本の新聞構造は全国紙、地方紙、地域紙の3層構造なのである。

(5) 猪股征一『増補 実践的 新聞ジャーナリズム入門』信濃毎日新聞社、2016年、147頁。

(6) 前掲書、148頁。

(7) 前掲書、267頁。

(8) 梅本清一『地方紙は地域をつくる―住民のためのジャーナリズム』七つ森書館、2015年、115頁。

(9) 前掲書、191頁。

(10) 日本新聞協会技術委員会情報技術部会「『災害・障害発生時の相互援助協定に関するアンケート』(2016年)結果から」『新聞技術』、第238号、2016年12月、59頁。

(11) 鎌田慧『地方紙の研究』潮出版社、2002年、515頁。

(12) 前掲書、518頁。

(13) 2015年4月の「パナマ文書」報道以前からここ数年、世界的には調査報道ジャーナリズム(Investigative Journalism)は一つの焦点になっている。調査報道については2016年末に刊行した以下の2点を参照されたい。花田達朗、別府三奈子、大塚一美、デービッド・E・カプラン著『調査報道ジャーナリズムの挑戦―市民社会と国際支援戦略』旬報社、2016年。マーク・リー・ハンター編著『調査報道実践マニュアル―仮説・検証、ストーリーによる構成法』(高嶺朝一、高嶺朝太訳)旬報社、2016年。

(はなだ たつろう)

地域の崩壊を食い止めるジャーナリズム

慶應義塾大学経済学部教授　金子　勝

静かに変わる地方政治

安倍政権は国会において絶対多数を握っており、野党の無力さが際だっているように見える。安保関連法からカジノ法案まで、しばしば与党の「強行採決」が繰り返され、議会制民主主義の存続も危惧されるほどである。

しかし、中央対地方という軸で見ると、新しい政治の変化が起きていることに気づくはずである。1960年代後半から1970年代前半にかけて、いわゆる「革新自治体」がつぎつぎと誕生したが、2014年以降も、知事選でつぎつぎと野党候補が勝つようになっているからである。2014年7月、卒原発を掲げた三日月大造氏が滋賀県知事に、同年12月、翁長雄志氏が辺野古新基地建設反対で沖縄県知事に、2015年1月にTPP反対とオスプレイ配備反対で山口祥義氏が佐賀県知事に、2016年7月に、川内原発の再稼働に反対する三反園訓氏が鹿児島県知事に（その後、公約破りが目立つが）、同年10月には、TPPと柏崎刈羽原発の再稼働に反対する米山隆一氏が新潟県知事に当選した。また2016年7月の参議院選挙では、TPPに反対する野党統一候補が、秋田県を除く東北6県で勝利した。

前述したように1960年代後半から1970年代

前半にかけて「革新自治体」ブームが起きた。以前から長く京都府知事であった蜷川虎三氏や横浜市長であった飛鳥田一雄氏は存在したものの、「革新自治体」ブームの皮切りとなったのは1967年に、美濃部亮吉氏が東京都知事になったことであった。その後、1971年に黒田了一氏が大阪府知事となり、翌72年には埼玉県知事に畑和氏、沖縄県知事になった屋良朝苗氏、1974年には滋賀県知事になった武村正義氏、神奈川県知事になった長洲一二氏と続いた。

ただし、この「革新自治体」ブームは、大都市団体が中心であった。高度経済成長のひずみが公害問題や福祉政策の貧困、あるいは都市問題となって現われた。「革新自治体」は、こうした問題の解決を訴えた候補者を、日本社会党と日本共産党が政策合意して擁立する形で生まれた。

こうした地方からの動きは、中央政治を動かした。1972年に、「日本列島改造論」を掲げた田中角栄氏が、自民党総裁になり首相の座についた。全国を新幹線・高速道路・情報通信網で結び、地方分散を進めようとした。さらに、1973年を福祉元年と位置づけ、高齢者医療の無料化や年金の物価スライド制を導入した。当時、ニクソンショックがあり、円高回避のために内需喚起を行なう経済政策とも整合性があると考えられた。

しかし、石油ショックの発生とともに、こうした路線は行き詰まり、田中角栄氏はロッキード事件で失脚する。そして、1978年の京都府知事選と横浜市長選で「革新系」の候補が敗れ、1979年に東京都の美濃部亮吉、大阪府の黒田了一両知事が退任し、「革新自治体」ブームは終わっていった。1980年1月に、日本社会党と公明党が政策協定（社公合意）を結び、共産党を政策協議の対象としないことになり、社共の選挙協力が成り立たなくなった。そして、レーガン、サッチャーの「新自由主義」の時代がはじまっていった。日本では臨調行革路線が敷かれ、中曽根政権の下での国鉄民営化で、左派的な労働運動も終焉した。

2014年からはじまった野党系の知事は、こうした1960年代末から1970年代初めの「革新自治体」ブームとは大きく違っている。

第1に、野党的な知事が誕生した地域は滋賀、沖縄、佐賀、鹿児島、新潟で、2016年7月の参議院選挙でも野党統一候補が勝ったのは東北地方である、むしろ大都市のない農村部を抱えた地方である点で、過去のブームとは違う。

第2に、野党統一候補ができたのは、かつてのような中央の政党同士の協議より、市民連合など市民団体が主導したものであった。これは、労働組合の力が弱まる一方で、3・11の東日本大震災と福島第1原発事故がもたらした市民意識の変化が背景にある。原発事故で生き方が変わったという人たち、とくに女性たちに、私も数多く出会った。

新潟県知事選の経過は、そのことを典型的に表わしている。現職の泉田知事を応援すべく「おむすびの会」を市民が立ち上げた2日後に、突如、泉田知事が県知事選から撤退を表明する。そこで共産、社民、生活、新社会、緑の5党を含めて「新潟に新しいリーダーを誕生させる会」を作り、米山隆一氏に出馬を要請した。だが、連合新潟が原発再稼働により前向きな元長岡市長の森民夫氏を推薦し、民進党県連が自主投票を決めたため、いったん出馬を見送った。市民からの強い要請を受け米山氏は翻意し、同党に離党届を提出し、無所属で立候補した。その勢いが増すにつれ、続々と民進党議員が応援のために新潟に行き、ついに蓮舫代表も米山候補応援演説に駆けつけるに至る。

第3に、これらの地方首長選の争点は、原発、基地、TPPなどである。それは、かつての公害や社会福祉といった全国共通の問題や大都市問題ではない。いまや地域格差は少子高齢化と人口減少という現象にまで及び、地域の存立そのものが脅かされるところまできている。そういう状況で、原発、基地、TPPといった中央の大都市が引き受けずに、地方に負担を押しつけてきたことが問題化しているのである。裏を返せば、もはや中央政府が地方に利益配分する政治が限界に達したのである。

中央紙対地方紙という対立軸へ

確かに、かつては、多くの地域が公共事業や工場誘致で潤い、そこから取り残され過疎化が進む地域には原発や基地を立地させる利益政治が恩恵をもたらすと考えられてきた。高度成長期には、鉄道や高速道路の公共事業自体が仕事の一部を地元にもたらし、交通網の整備が工場を立地させる循環ができていたのである。ところが、グローバル化とともに、工場はアジア地域に移転し、地域の空洞化が始まった。今度は一転して、鉄道や高速道路が通ると、ストロー現象と呼ばれる人口流出をもたらし、人口減少に拍車をかけることになった。

こうなってくると、原発や基地は、立地する当該地方自治体にのみ雇用と税収をもたらすが、周辺自治体の住民は命の危険にさらされるだけである。2011年3月11日の福島第1原発事故やオスプレイ配備が、その現実を露呈させた。だが、原発に関しては、東京・中日新聞をはじめ地方紙のいくつかが明確な脱原発の立場をとっているのに対して、中央紙の多くが原発推進に傾いており、朝日新聞でも曖昧な報道が多い。とくに原発事故後に原子力ムラを多用したテレビを含めたマスメディアは、不信を招いている。

TPPについても同様である。TPPは、これまでの日本は資源や食料を輸入し、重化学工業の製品を輸出する加工貿易だとされ、農産物の自由化が進められてきた過去の習い性に基づいている。確かに、かつては、工業製品の輸出の増加は地域に工場立地と雇用機会をもたらし、農業所得を減らしながらも、兼業による農家所得の増加に寄与した。しかし、いまや地域の工場は海外に移転してしまい、地域に利益をもたらさない。その一方で、農業の破壊を放置していたために、農業だけでは生活できず、担い手の高齢化が進み、農業そのものが存続の危機にさらされている。

「農林業センサス2015」によれば、農林業経営体数は10年前の208万5000から140万4000へと減少した。およそ3分の1も減った。専業農家は44万3000戸でほぼ一定なのに対して、第1種兼業農家は30万8000戸から16万5000戸へ、第2種兼業農家は121万2000戸から72万2000戸と大幅に減少している。そして担い手を年齢的に見ると、65歳以上は58・2%から63・5%へと、60～64歳は10・9%から13・4%へと比重を上げている。60歳以上を見ると66・9%、いまや全体の3分の2を超えている。あと10年もすれば、日本の農業は消滅の危機を迎えるだろう。

もはや過去の習い性で、農業を犠牲にして工業製品を輸出する政策は、農業を破壊するだけで地域に利益をもたらさない。もっとも、TPPは必ずしも日本の工業製品の輸出を高めるとは言えない。たとえば、アメリカの自動車の輸入関税は、2・5%の関税を25年かけて段階的に撤廃し、何度でもセーフガードを発動できる内容になっている。その間に、アメリカは自動運転で日米逆転を狙っている。つぎに、医薬品の特許権も事実上延長し、ジェネリックを作りにくくしている。医薬品や医療機器の外国認可手続きを認め、簡略化する。これが混合診療と結びつけば、保険外医療で医療格差が広がるだろう。

さらに、多国籍企業が相手国政府を訴えることができるというISDS条項は、その国の法律や規制を、多国籍企業が訴訟でひっくり返せるというもので、国の主権の重要な部分を侵す。アメリカが提起したISDS条項を使った提訴で、アメリカが負けた事例はない。最近でも、米投資ファンドのローンスターがISDS条項を使い、韓国政府を相手取って、韓国外換銀行買収承認手続きが遅れたとして5000億円の賠償を請求している。

しかも農業対策は、ほとんど一時的なもので効果が疑わしい。米価が急落する中で、アクセス米を新たに7・8万tに増やすが、「対策」は減反廃止と備蓄米購入である。だが、備蓄米は3年後には加工米として放出され、米価は下落を加速させる。政府は減反政策を見直しし、飼料米に補助金を出すが、肝心の豚肉・牛肉の関税の大幅引き下げが行なわれれば、大量の外国産豚肉や牛肉が輸入されるので、飼料米の売り先がなくなってしまい、対策は成り立たなくなる。

他方、畜産農家に対する対策は赤字補填の割合が9割になるだけで（家族労働が評価されるのはいいが）、経営の見通しがなくなれば廃業に追い込まれる可能性が高い。安い牛肉が入ってくると、廃牛が値崩れを起こす。チーズや乳清の関税撤廃は生乳の売れ先をなくす。酪農家も苦しくなる。

TPPは、他のFTA（自由貿易協定）やEPA（経済連携協定）と違って、例外規定がないが、協定文書には、「物品の貿易に関する小委員会」、「農業貿易に関する小委員会」、「政府調達に関する小委員会」などの設置が明記され、多くの分野で追加協議が行なわれることになっている。BSE（牛海綿状脳症。牛の病気の一つ）牛の輸入制限（30か月以下）の緩和や遺伝子組み換え作物の表示やポスト・ハーベストの規制の撤廃も起こりうる。関税も丸裸になるまで協議は続く。

中央紙の基調は、農業は補助金漬けで「構造改革」が必要だというものである。その中で、大規模化が打ち出されているが、アメリカの平均耕作面積は約200ha、オーストラリアは約3000haもあるのに対して、日本はわずか2・6ha程度であり、農地規模を20~30haにしても、規模で競争することはできない。しかも、耕作放棄地になっているところは中山間地域が多く、機械化で効率を上げることは困難である。このデフレ下で借金して規模拡大するのは、経営能力がないことを証明するに等しい。中央メディアは、地域の現実を見ずに、空論を振り回しているのだ。その結果は、さらなる地域崩壊が進行するだけだろう。

ともあれ、トランプ次期大統領がTPP離脱を打ち出したが、交渉参加6か国と国内総生産（GDP）の85%を満たすことがTPP発効条件となっている以上、このままではTPPの発効は難しいだろう。にもかかわらず、自公政権はTPP承認案と関連法案を国会で通過させてしまった。自民党は2012年12月の総選挙に際して、「TPP交渉参加6原則」を掲げて、交渉参加にさえ慎重な姿勢をとり、「ウソつかない、TPP断固反対。ブレない」と言っていたにもかかわらず、さらに、他の交渉参加国は承認手続きをしていないにもかかわらず、日本だけがTPP承認案を国会で通してしまった。公約とは正反対になっている。そのことを正面から批判する中央メディアはほとんどない。たとえTPPが発効に至らないとしても、「日本はここまで譲歩する」という国際公約になりかねない状況を作り出してしまったのに、である。日欧EPAでも、予想される日米二国間協議の場でも、このTPP承認が今後の協議の出発点とされる可能性があり、これ以上の「譲歩」を求められることになるだろう。

こうした状況でも、朝日新聞も毎日新聞も含めて、中央紙のほとんどはTPP推進を変えていない。基本的に「自由貿易は正しい」という考え方からだろう。しかし、これはアメリカの制度やルールに基づく囲い込みであって、一種のブロック経済化に他ならない。こうした認識の甘さの根底には、アメリカ主導のグローバリズムに対する肯定がある。

実は、イギリスのEU離脱の国民投票やアメリカの大統領選におけるトランプ氏当選を、ロンドンのシティやウォール街の金融エリートも政治家もメディアも読み切れなかった。ロンドンやニューヨークは移民が多く、移民排斥のナショナリズムに対する反発も存在する。むしろ、産業や工場が消え、グローバリズムの犠牲になってきた地方の不満を理解できなかったのである。中央メディアにとって、地方は視聴者でも読者でもない。中央と地方の対立軸が存在することさえ無自覚なのかもしれない。アメリカではネットの普及もあって、多くの地方紙が潰れ、消えていったこともあり、地域の変化が伝わらなくなっていることも、そうした傾向に拍車をかけていると思われる。

かつては、日本でも中央紙における朝日新聞対読売新聞が世論の対立軸を作ってきた。しかし、もはやそういう時代は終わってしまった。アベノミクスは、こうした傾向を一層強めるだろう。アベノミクスは決して地域経済を潤すことはなく、その疲弊を進めるだけだからである。

このような中央紙の状況に対して、多くの地方紙は、TPPが地域を崩壊させる危険性を指摘し、「そうであるならば、TPPに賛成できない」と主張している。現代日本では、中央紙対地方紙という新たな世論の対立軸が見え始めているようである。

アベノミクスは地域を疲弊させる

安倍政権誕生から4年たった。だが、日銀の異次元の量的緩和政策が効果を上げていない。2013年4月に2年で2％の上昇という物価目標を掲げたが、2016年12月時点でも、消費者物価上昇率（生鮮食品を除く）はマイナス0・2％（対前年同月比）、家計消費はマイナス0・3％（同）で、ともに10か月連続でマイナスになっている。

さらに、日銀がマイナス金利に踏み込んだことで、財政金融政策は危険な領域に入り、出口を失いかけている。当初、銀行の貸出を増やすために、日銀の当座預金勘定の一部に手数料をとることからはじまったマイナス金利政策は、国債にも及んでいる。国債のマイナス金利というのは、満期よりも高い価格で国債を引き取るということを意味する。国債を発行する政府にとっては金利支払いがなくなり、発行額以上の収入が上がるが、それは原発やリニア新幹線・オリンピック施設建設など、旧来型の重化学工業の大手企業を救済する大規模国家プロジェクトに費やされ、地域経済にはほとんど恩恵をもたらさないものが多い。

一方、日銀は、これから国債を償却するたびに損失負担が生ずる。日本経済研究センターが行なった推計によると、日銀の国債の損失は2016年9・6兆円となる。債券取引損失引当（2016年3月末で2・7兆円）では全く足りず、日銀の自己資本残高（2016年3月末で7・4兆円）を超える。まもなく日銀は潜在的には債務超過に陥る。短期の国債が、ここ2～3年で満期を迎えるが、短期の国債ほど、マイナス金利の幅が大きく日銀の損失が大きくなる。お金（銀行券）は、政府と中央銀行の信用がなくなれば、たちまち紙くずになってしまう。財務省は、金利が1％上昇すると、金融機関などが持つ日本国債の価値が約67兆円下がるという試算を出した。国債価値の下落分は国内総生産（GDP）の13・5％にあたる。アメリカの4・3％、ドイツの2・5％と比べても著しく高い。国債金利の上昇は、国債の利払い費を増加させ、財政赤字の累積的増加をもたらしてしまう。そうした事態を防ぐには、日銀が買い続けて国債価格を維持しなければならない。つまり、日銀が債務超過状態になっても、日本の国債をどこまで買い支え続けられるか、という「挑戦」が始まっているのである。もはや出口のない状況だと言ってよいだろう。

国債市場が麻痺する中で、マイナス金利は銀行経営を歪めている。まず何より、マイナス金利政策の目的であった銀行の貸出は増えていない。その中で、不動産融資だけが突出して伸びている。2015年は年間10兆6000億円になり、26年ぶり（＝バブル末期以来）の水準に達した。さらに日銀のレポートによれば、不動産業向けの新規貸出額は今年の1～3月期に4兆4113億円、4～6月期に3兆1271億円と、いずれもバブル期を上回る水準に膨らんでいる。その裏側で、2016年6月期の不動産大手5社の有利子負債残高も10兆円近くになっている。

この不動産融資の膨張の結果、図1が示すように、大都市の商業地だけが地価が上昇している。2015年頃から地方中核都市が急速に上昇している。それ以外の地域は、全般的に地価が下落しているが、地方平均で見ると、地方中核都市が引っ張っているもののマイナスのまま推移している。人口減少社会で所得がほとんど増えない状況が続く中で、大都市・地方中核都市への集中が起きており、その結果、地域の二極化が進んでいるのである。そのことは住宅地における地価上昇率の緩やかさと比較すると、よくわかる（図2）。

しかし、すでに首都圏では、都心不動産バブルのピークが過ぎている。2016年1～8月の累計契約販

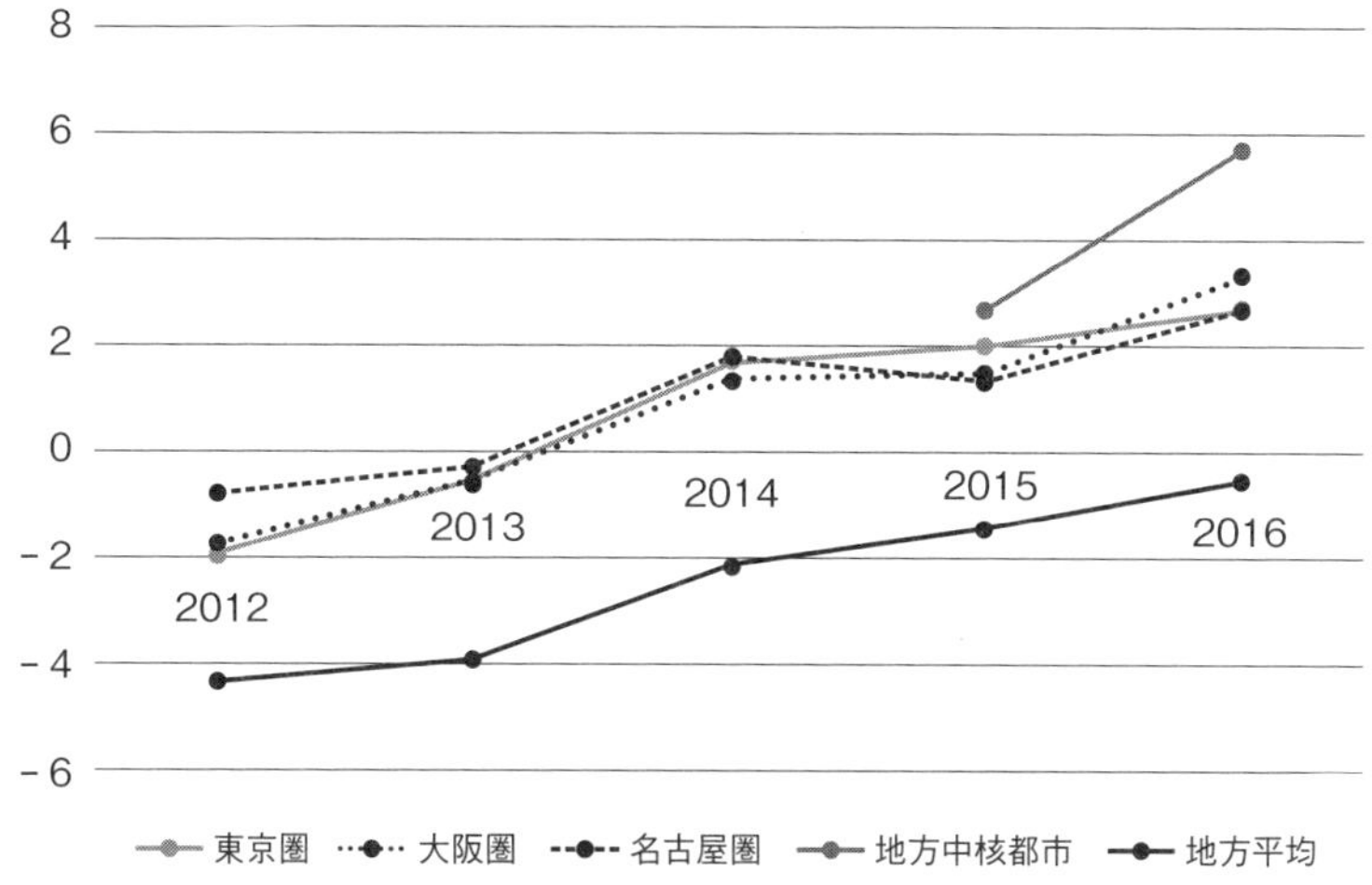

図1　商業地の公示地価の変動率

出所：国土庁「地価公示」より作成
http://tochi.mlit.go.jp/kakaku/chikakouji-kakaku

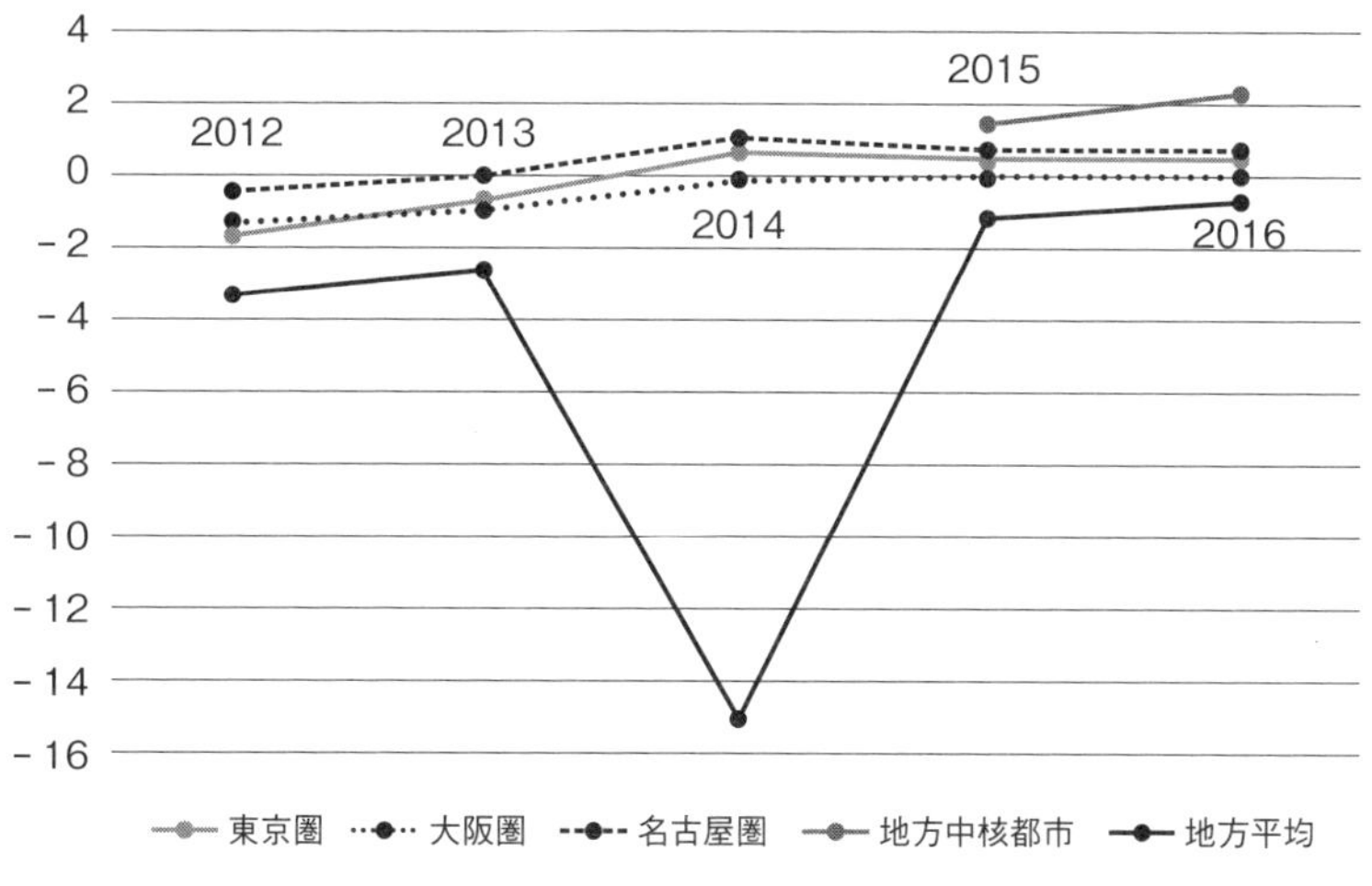

図2　住宅地の公示地価変動率

出所：図1と同じ

売戸数はバブル崩壊後の1992年以来の低水準を記録している。マンションの成約率が落ちて、販売在庫も溜まり始めているのである。

都心回帰は、都市郊外も含めて、空き家を増加させていく。すでに、空き家率は全国で13・5％になるが、不動産バブルが崩壊すると、こうした傾向が一層加速するだろう。農村部の耕作放棄地も42万3000haで、滋賀県の面積に匹敵する。商店街も郊外団地も中山間地も、櫛の歯が抜けるように空き地、空き家になっていくと、ある時点で町全体・村全体が崩壊してしまうだろう。

不動産バブル崩壊がもたらす、もう一つの悪影響は地域金融である。マイナス金利政策による超低金利は、都市銀行の日本国債離れと国内融資の減少をもたらしている。他方、海外ビジネスに制約がある地方銀行や信用金庫は、貸出は伸びているものの貸出利息の収入は減少傾向が著しい。最近では、住宅ローン金利が極端に低くなる中で、シェア争いを繰り返すようになっている。国債等関連損益も利益をほとんど出していない。株式等関連損益や法人税減税、預金保険料引き下げといった本業以外の要因で、何とか黒字を出しているのが現状である。2016年度の経常利益については、対前年比で20・6％減となる2744億円の減益が予想されている。

すでに地銀の合併や提携が相次いでいるが、金融庁は合併を一層促していくことが予想される。地銀の合併や提携が進んでも、その結果、地域にカネが回らなくなり、地域経済はさらに衰退することになる可能性が高い。

地方分散ネットワーク型システムへ

増田寛也＋日本創生会議の「地方消滅論」は、896自治体が消滅の可能性があるとして、地方中核都市をコンパクトシティにして、そこに人口を集めるべきだとしている。しかし、これは砂防ダムのように、一時的に周辺人口を集めることはできても、やがてそこも人口減少に見舞われていくだろう。都心不動産バブルに乗っかりながら、コンパクトシティや地方中核都市を結ぶ交通網といった、国土交通省の事業ネタを作り出すための提案であるように考えられる。

そこに欠けているのは産業と、雇用の創出という視点である。まずは、デフレ脱却の効果が見られず、出口を失いかけている金融緩和頼みの経済政策を改めなければならない。何より底堅い内需を作るために、IoT（モノとモノをつなぐインターネット）やICT（情報通信技術）を活用し、エネルギー、農業、福祉など地域に根ざした産業と雇用を創出する、地域分散ネットワーク型システムへの転換を急がなければならない。

（かねこ まさる）

＊詳しくは、拙著『儲かる農業論 エネルギー兼業農家のすすめ』集英社新書、『資本主義の克服「共有論」で社会を変える』集英社新書、『日本病 長期衰退のダイナミクス』岩波新書などを参照。

国民の総意は地方紙にこそあらわれる

岡山大学大学院環境生命科学研究科教授　小松泰信

1、地方紙の臭い

出張に際しては、その地域の新聞に目を通すことを心がけている。そこから得られる情報は、講演のマクラになったり、調査時の緊張をほぐす世間話のきっかけになったりする。でもそれ以上に、その地域の歴史や文化、あるいはそこで生活する人たちの日常、それらさまざまなものから発せられる臭い、つまり〝ローカル臭〟のようなものを地方紙から感取することができる。見知らぬ土地との距離を少しだけだが縮めてくれる、ありがたい存在である。そして、地方紙にあって全国紙にないものがこのローカル臭である。

2、ローカルニュースと全国ニュースの真逆な結論

2015年10月6日、TPP大筋合意に関してNHK岡山放送局から取材を受けたときのこと。筆者の10秒ほどの反対コメントを含む放送内容は、農業者はもとよりスーパーでの買い物客もまた反対、不安、懸念の声をあげるものだった。帰宅後、家人に頼んでいた録画を見終わった直後に、NHKの〝ニュースウォッチ9〟を見たら、同一テーマを似たような構成で放送するところだった。驚いたのはその偶然だけではない。同じNHKであるにもかかわらず、岡山版とは真

逆の大筋合意歓迎ムードを、視聴者にイメージさせる内容であったことだ。心の中で思わず〝どっちやねん〟と叫んだ。ただしそのときは、その差異を、地方在住者と首都圏在住者の意識の違い程度に思って、自らを納得させた。

しかし、2016年10月から、農業協同組合新聞で「地方の眼力」というコラムを担当することになり、新聞を読み比べる機会が増えるにしたがって、その差異についての検討が必要であることに気づいた。

3、地方紙と全国紙の差異と民意のありか

2016年臨時国会召集をめぐって（注1）

2016年9月26日から臨時国会が開催された。TPP国会とも呼ばれたように、環太平洋連携協定（以下、TPPと略す）の承認をめぐる国会運営が最大の関心事であった。そこで、TPPに関する国会運営について言及していた社説がどのような論評を展開したかを比較検討した。

⑴熟議を求める地方紙

代表的な論調を展開した中国新聞（9月27日）は、「大筋合意から1年が経過したのに暮らしに与える影響について説明が尽くされたとは言いがたい。特に農業従事者の疑問は解消されていない。農業分野の関税では、……日本の大幅な譲歩が明らかになった。にもかかわらず政府は情報開示に後ろ向きで、交渉経過については口を閉ざす。加えてTPP発効に伴う経済効果や影響試算の妥当性については疑問点が残ったままだ。これでは法案成立以前の段階であろう」と手厳しく、「強引な採決などもってのほかだ」としている。

他の地方紙も強行採決に釘を刺している。

岩手日報（27日）は、共同通信社の世論調査で、TPPに関して7割が「慎重な審議」を望んでいることからも、「米国の動向が不透明で、政府への疑念も晴れない以上、今国会での承認にこだわるべきではない」とする。河北新報（26日）も、「与党多数を背景にした強行採決など断じてあってはならない」としたうえで、「TPP熟議国会」であることを期待している。また、愛媛新聞（27日）は「特定秘密保護法や安保法の強行成立で見せた強引な手法を繰り返すことは、決して許されない」、西日本新聞（27日）は「与党の公明党には自民党の『行き過ぎ』を政権内でチェックするブレーキ役を期待したい」としている。

このように地方紙は、拙速なＴＰＰ発効を危惧して慎重審議を求めている。ＴＰＰに期待を寄せ、早期発効を求める傾向はうかがえない。

(2)発効に積極的な全国紙

全国紙の論調はつぎの通りである。

産経新聞（26日）は「どれだけ本気で発効させたいのか。日米両国から強い覚悟を感じ取ることができない」、翌27日には「参院選勝利を経て、政権基盤はより強固になった。指導者にはその力を改革の遂行に向けることが求められる」とし、「国民に不人気な政策、痛みを伴う政策であっても必要性を説き、推し進めることこそ、安定政権に課された課題である」と檄を飛ばすとともに、「ＴＰＰの発効に向け、承認案の成立にどれだけ力を注ぐのかも焦点だ」と迫っている。

読売新聞（27日）は、「ＴＰＰは成長戦略の柱の一つである。今国会で確実に承認すべきだ」としている。

日本経済新聞（29日）は、「与野党は国会審議を通じてＴＰＰの中身への国民の理解を深めなくてはならないが、いたずらに審議を引き延ばすべきではない」と、牽制している。

他紙からほぼ1週間遅れて朝日新聞（10月３日）は、「通商国家として発展してきた日本にとって、グローバル化への対応は避けられない」としたうえで、「生活の安全・安心が脅かされないか、国内業界が打撃を受けて雇用が失われないか、といった不安は根強い」と懸念を示す。その不安解消に向けて審議を尽くすことを求めており、ＴＰＰへの消極的賛意が伝わってくる。

このように全国紙からは地方紙のような明確な反対意見はなく、発効に積極的な姿勢がうかがえる（注２）。

(3)仮説――国民の総意は地方紙にあり

地方紙と全国紙の論調はきわめて対照的である。読み手はどう判断するだろうか。もし地方在住者が、地方紙と全国紙を読み比べたとする。他の地方紙と読み比べる機会がほとんどない読み手は、間違いなく「地方紙の見解はあくまでもわが地域独特の少数意見。全国紙が国民の総意に違いない」と、思うはずである。

しかし、同時に同一案件に関する社説を読み比べた結果からは、〝各地方在住者の意思を丹念に集めて構成された成果が地方紙の社説となっているとすれば、地方紙の主張の総和が国民の総意すなわち民意〟という仮説が導かれることになる。

ＴＰＰ国会承認後の社説読み比べによる仮説の検証（注３）

この仮説に基づき、ＴＰＰ承認後の社説を読み比べると、その傾向はますます鮮明となった。

⑴通商政策の仕切り直しを求める地方紙

農業県の立場から明確な論理を展開した宮崎日日新聞（12月10日）は、「……ＴＰＰは、農業を経済基盤とする宮崎にとってマイナスにしかならないのは明白だ。……『比較優位』の基本理論によれば、ＴＰＰの枠組みの中で、日本の得意分野である自動車を輸出する代わりに農業が犠牲になる図式は明らかなのだ。……農業を経済基盤とする宮崎はどうなるのか。その具体的な議論があまりにも不足したまま、ＴＰＰは承認されてしまった」と、地域の基幹産業であるにもかかわらず〝犠牲となる農業〟への憂慮が示されている。そして、「……米国のＴＰＰ離脱は日本、そして宮崎の農業をもう一度見つめ直すいい機会」として、議論の必要性を強調している。

他の地方紙の特徴的な点を示すと、中国新聞（10日）は、「現実問題として日本が取る道は一つだ。……ＴＰＰを棚上げし、本当の意味で国益に資するよう通商政策を仕切り直すこと」とし、「目先の利益ではなく中山間地域を含めた持続可能な地域づくりの視点」を強調する。東奥日報（14日）は、「……自由貿易の推進役だった米国が方向を転じようとしているこの機会に、ＴＰＰのように多国間でブロックを形成するＦＴＡなどの功罪について考えるべきではないか。利点だけでなく弊害にも目を向け是正」することを求めている。秋田魁新報（13日）は、「これまでグローバル化一辺倒だった国際経済で、適切な競争や協調はどうあるべきかについての議論でこそ、日米がリーダーシップを取ることが求められているのではないか」と、日米の姿勢を問うている。北海道新聞（10日）は、「協定には、グローバル企業に有利なルールなど数多くの問題がある。その内容を他国との交渉の出発点にして、日本の産業や国民の安全を守れるのか。政府は通商交渉に臨む姿勢を根本から練り直すべきだ」とする。高知新聞（10日）は、「……情勢の変化に応じた通商政策を練り直すべきだろう」、佐賀新聞（９日）も、「ＴＰＰを軸にしたシナリオが大きく崩れた以上、抜本的な立て直しを急ぐ必要がある。政府はＴＰＰはいったん脇に置いて、経済、外交ともに新たな戦略へと踏み出すべきではないだろうか」としている。そして東京・中日新聞（10日）は、「……世界貿易機関（WTO）のルールがしっかり存在する。これを土台に、各国と協力して保護主義的な動きを抑え込むことが重要だ。……どのような自由貿易の仕組みをつくるのか。日本と世界の構想力、実行力に知恵を集めたい」と、WTOを土台とした通商政策の再構築を求めている。

以上のように、地方紙はこの機会に一呼吸おいて、新たな国際情勢をにらみながら、腰を据えて今後の通商政策を検討することを主張している。

(2) 自由貿易の加速を求める全国紙

つぎに、全国紙の見解を見る。

まず産経新聞（10日）は、「保護主義に流れず、自由貿易の拡大を成長の礎にしようとする日本の意思を内外に示せた……。……残る11カ国が粘り強く翻意を促すべきことに変わりはない。……欧州連合（EU）との経済連携協定（EPA）交渉を妥結させるなど、保護主義の否定を行動で示すことが重要」とする。

日本経済新聞（11日）は、「ひとまず国会承認を歓迎したい。……TPPの価値をトランプ次期政権に粘り強く訴えてほしい。……日本は一定の質を伴うRCEP（東アジア地域包括的経済連携：小松注）合意の道筋を整えつつ、TPP推進の機運も高めていく。……欧州連合（EU）との経済連携協定（EPA）交渉でも、年内か来年早々の大筋合意を導いてほしい」と、自由貿易の推進役を期待する。

毎日新聞（11日）は、「……日本として自由貿易を推進する姿勢が変わらないと示したことには意義がある。国会承認を踏まえて政府はトランプ氏に翻意を働きかけてほしい。……（RCEPの：小松注）自由化目標は低い。日本は水準を高める役割も担ってほしい。日本は欧州連合（EU）との経済連携協定も年内の大筋合意を目指している。日本の農産物関税などで対立点が残るが、大局的観点から前進させる必要がある」とする。

そして、読売新聞（10日）は、「逆風にさらされる自由貿易協定を守ることが、日本の責務である。……米新政権が基本政策を固めていく過程で、TPPの意義を再認識するよう、日本が主導して働きかけを続けることが大切だ。……日本は、RCEPでも高水準の内容を目指すことが重要だ。……日本の通商戦略にとって喫緊の課題は、……EUとの経済連携協定である。……日本は自動車の関税撤廃を求め、EUからは農産物の市場開放を迫られる構図だ。……早期合意に向け、最大限の努力が求められよう」とする。

毎日、読売、両紙の農業軽視の論調は、宮崎日日新聞と対照的である。全国紙の論調は地方紙とは大きく異なり、政権与党の数と意地だけの国会決議を称賛し、トランプ氏への説得を訴え、行き過ぎた資本主義の欠陥を反省することもなく、地方の基幹産業である農業に犠牲を強いる自由貿易の加速を主張している(注4)。

4、地方紙と全国紙の差異はどこから生まれるのか

地方紙はどこに軸足を置くのか

「地元の新聞社に入社したころは、全国紙やそこの記者に対して劣等感のような感情を持っていました。しかし、現場と向き合って仕事をするうちにそんな感情はなくなりました。自分たちは地域から逃げることができません。だからきちんと取材して書くことを心がけているし、責任の重さも自覚しています。確かに全国紙の記者は、難しい試験を突破し、能力もあります。でも、自分たちと決定的に違うのは、地域への愛着も責任感も乏しいことです。本社の意向に沿った記事を書き、できるだけ評価の高いポジションへの異動を目指している、という雰囲気の人が少なくありません。そういう人たちを見るたびに、心から地方紙の記者でよかったと思います」とは、地方紙記者の談ではあるが、地方紙と全国紙の差異の源を的確に語っている。それは、軸足の置き所の違いである。地方紙はその地域に軸足を置くため、〝地域に根ざし、地域と共に生きる〟という使命を有する。

TPP協定に象徴されるグローバリズムという思想は、多国籍企業における国境を超えた自由な経済活動の展開を促進することを眼目としている。そこから打ち出される、外に向かっては〝国家の多様性〟を、内に向かっては〝地域の多様性〟を否定する政策に対して、地域に軸足を置き、そこに住む人びとのより良き生活の実現を目指す地方紙は、当然批判的にならざるを得ないのである。

全国紙はどこに軸足を置くのか

では全国紙はどこに軸足を置いているのであろうか。〝国民〟と言いたいところだが、前述の地方紙記者の感想が正鵠を射ているとすれば、全国紙に国民目線は期待できない。全国紙にとっては、天下国家を動かしていると思い思われている人や組織との関係性そのものが大切な現場となる。主たる対象は政財界と省庁である。格差の拡大を意識して言えば、エリートでありエスタブリッシュメントと表現される、いわゆる支配階級である。ローカル臭との違いを鮮明にするためにそこから漂う臭いを、〝エスタブリッ臭〟とでも洒落ておく。そして全国紙の使命は、〝支配階級に根ざし、支配階級と共に生きる〟ことと言えよう。現政権による大手マスメディアに対する圧力が、この傾向に拍車をかけていることは想像に難くない。もちろんこのような圧力は地方紙にとっても無縁ではない。有形無形の圧力の下で、いかにして地方紙の使命を遂行するか、その姿勢が問われ続けることになる。

5、全国紙に合わせる論調は危機の予兆

大衆迎合主義（ポピュリズム）批判を展開する各紙（注5）

２０１７年元日の社説を読み比べて、地方紙の今後に悲観的になった。それは、少なからぬ地方紙が、全国紙に倣うかのように２０１６年における英国の国民投票による欧州連合（ＥＵ）からの離脱と、米大統領選でのトランプ氏の勝利を震源とする、いわゆる大衆迎合主義（ポピュリズム）への批判と危機感を表わしているからである。まず全国紙の論調を見る。

毎日新聞：「……私たちが昨年目撃したのは国家の『偉大なる復権』をあおり立てるポピュリズム政治家の台頭だ」「トランプ現象で見られたように、選挙が一時の鬱憤《うっぷん》晴らしになれば、民主主義そのものの持続可能性が怪しくなっていく」

読売新聞：「……『トランプ現象』に通底する反グローバリズムとポピュリズムは、欧州でも、その勢いを増している」「排外主義を煽るポピュリズムの拡大は、人や物の自由な移動を進めるグローバリズムの最大の障壁になりつつある」

日本経済新聞（4日）：「米大統領選や英国の国民投票では、不正確な事実認識をもとに有権者の不安をかき立てたり、絵空事のような約束をしたりする事例が目についた。こうした行いは民主主義の基盤を崩しかねない」

などと、3紙とも手厳しく糾弾している。

つぎに、地方紙の論調を見る。

高知新聞：「『米国第一』が象徴する保護主義や排外主義的な政策を前面に出し、不安や怒りをすくい取ったトランプ氏の手法は、ポピュリズム（大衆迎合政治）というほかない。……ポピュリズムが潜在的に持っている危険性を自覚しながら、他者に対する寛容さという普遍的な精神を取り戻す必要がある」

北海道新聞：「新自由主義が色濃いグローバル経済は競争原理むき出しで、『勝ち組』『負け組』を生みやすい。……不平や不満が強いと、それをあおって独り善がりな政策を推し進めようとするポピュリズム（大衆迎合主義）が台頭する。厄介なのは、ポピュリズムが排外的なナショナリズムと容易に重なり合うことだ」

岩手日報：「既存の体制に反旗を翻すポピュリズム（大衆迎合政治）が勢いを増している。底流には広がる格差がある。先進国では貧富の二極分化が顕在化し、『負け組』の不満が勢力拡大の要因となっている。……見過ごせないのは、ポピュリズム政党の主張にはしばしば、移民排斥があることだ。社会から疎外されている人々が、より弱い立場の人々を疎外する。『寛容』や『共生』という言葉が消えた先は、憎悪とテロの悪循環が続く社会ではないのか」

河北新報：「……今や国際社会は『カオス』（混沌《こんとん》）のまっただ中にあると言っても過言ではあるまい。その渦をかき回すのが『ポピュリズム』（大衆迎合主義）である。……『ポピュリズムはデモクラシーの後を影のようについてくる』。こんな言葉がある。今年は総選挙があるやも知れぬ。ポピュリズムの『正体』を見破る目も養わなければならない」

徳島新聞：「警戒しなければならないのは、ポピュリズム（大衆迎合政治）の拡散だろう。その典型的な指導者とされるのが、20日に米大統領に就任するトランプ氏であり、世界の目は、彼の動向に集まっている。……経済や社会のグローバル化に不満を持つ有権者の支持はより大きかった」

中国新聞：「トランプ氏についてはポピュリズム（大衆迎合主義）の危うい面を指摘すべきだろう。むろん、世界に広がるポピュリズムが全て民主主義の敵だと、一刀両断に語るつもりはない。しかしトランプ氏を支えたポピュリズムには偏見や憎悪をあおる危うさがある」

反・大衆迎合主義（ポピュリズム）批判

大衆迎合主義（ポピュリズム）に対する検討が本稿の課題ではない。

ただ明らかにしておかねばならないのは、英国においても米国においても、人びとの不平や不満が怒りとなり、投票という民主的な手続きに従って表明されたという事実である。

地方紙が自分たちの軸足の置き所を常に意識しているならば、全国紙と同様の取り上げ方や切り口にはならないはずである。

なぜなら、大衆の定義を〝一般庶民〟と考えるなら、それは地域で日々生活をしている人びとをさすからである。彼らの声なき怒りや不安をすくい上げて、民意として提示するのが地方紙の使命だとするならば、大衆迎合批判は自らに降りかかってくる可能性を有しているからだ。

そこで、大衆迎合主義（ポピュリズム）批判に対して、冷静な視角を与えている論者の見解を見ることにする。

一人は、歴史人口学者でフランスを代表する知識人とされる、エマニュエル・トッド氏である。氏は、

「……民主主義にこだわるという人は、ポピュリズムを非難します。ポピュリズムは悪だ、と言います。でも実際のところ、民主主義が好ましいという人たちこそ、寡頭制の明らかな代表者にほかなりません。そこにはうそがあるのです。トランプ氏は選ばれたのです。あれは大衆迎合、ポピュリズムにすぎない、と言うわけにはもういかないのです。大衆層が自分たちの声を聞かせようとして、ある候補を押し上げる。それを受け止めないわけにはいきません。ポピュリズムと言ってすませるわけにはいかない。それは民主主義なのです。……人々の不安や意思の表明をポピュリズムと言うのはもうやめましょう。……民主主義とは人々が権力を持つ仕組みです。エスタブリッシュメントではありません。……民主主義が選んだのはトランプで

す。クリントンではありません。つまり、民主主義の国とは、国民を経済面で保護する国でなければならないのです。自由貿易を世界に押しつけてきた国で、自由貿易に異議を申し立てる候補が政権に就く。これは思想的にきわめて大きなことだということが、明らかになっていくでしょう」（注6）と分析している。さらに、米英両国の投票を分析し、「大衆層が動いたことは共通している。これはポピュリズムではなく民主主義が正常に機能した結果だ」（注7）としている。

もう一人が、大衆を自認してやまない筋金入りの農民作家山下惣一氏である。氏は、トランプ氏が当選したことに〝興奮した〟ことを認めたうえで、その理由を2つあげている。

一つは、今回の選挙で敗北したのは、有権者の本音を捉えきれずに大誤報を世界中に発信し続けた米国のメディアだったとし、「メディアも大衆が闘うべきエスタブリッシュメントだという事実を実証したこと」である。

もう一つは、「既存の米国社会に対する有権者の不信任案可決」、すなわち〝無血革命〟が起こったことである。

このような理解から、「あくまで今の段階での話だが、『絶望を急ぐことはない』という希望を抱かせてくれる」、と評価している（注8）。

地方紙が自らの使命に忠実であるためには、大衆の意思決定に対するこの2人の見解を学ぶべきである。

6、地方紙に求められる姿勢

地方紙が地方紙であり続けるための姿勢は、〝地域に根ざし、地域と共に生きる〟という使命を誠実かつ愚直に遂行していくことに尽きる。

「白熱教室」で知られたマイケル・サンデル氏は、「民主主義の未来も責任あるニュース源とメディアの報道姿勢にかかっている」「正義と不正義、平等と不平等に関するまっとうな不平、不満はいつの世にも存在し、市井の人々は自分たちがどのようにして治められているかについて、意味ある意見を持っている」などと語っている（注9）。

エスタブリッ臭に惑わされることなく、地域に息づく市井の人びとの意味ある意見を地道にすくい上げ、ローカル臭に満ちた記事や社説として世に問い続ける。そのことを通じて、国を支える基層領域とも呼ぶべき市井社会の論理を構築し、人びとが安心して暮らせる社会づくりに貢献することを目指してこその地方紙である。

注

（1）拙稿「全国紙は平気で嘘をつく」ＪＡｃｏｍ農業協同組合新聞２０１６年10月5日を加筆・修正。各紙の引用は当該新聞の原本より。

（2）毎日新聞は社説で取り上げていない。

（3）拙稿「民意は地方紙にあり」ＪＡｃｏｍ農業協同組合新聞２０１６年12月21日を加筆・修正。地方紙は、47ＮＥＷＳ社説・論説（http://www.47news.jp/localnews/shasetsu/）より引用。全国紙は、LINK100.in（http://link100.in/index.html）より引用。

（4）朝日新聞は社説で取り上げていない。しかし、11月23日の社説でトランプ氏の離脱表明意向を受け、「最大の経済大国が内向き姿勢を強め、世界全体に保護主義が広がることを強く憂える」とし、わが国の政府に対して、ＴＰＰ離脱の翻意を促す努力を求めている。さらに、ＲＣＥＰ、ＥＵとのＥＰＡ、そしてＷＴＯの再構築などの交渉成果を積み上げて保護主義を食い止めよ、と他の全国紙の論調に先鞭をつけている。

（5）全国紙は原本より引用。なお日本経済新聞は元日からの連載。地方紙は、47ＮＥＷＳ社説・論説（http://www.47news.jp/localnews/shasetsu/）より引用。

（6）エマニュエル・トッド、佐藤優『トランプは世界をどう変えるか？「デモクラシーの逆襲」』朝日新聞出版、２０１６年12月、33〜34頁。

（7）日本経済新聞「ニュース複眼」２０１７年1月12日。

（8）山下惣一「山下惣一の農のダンディズム考」『地上』家の光協会、２０１７年2月、94〜95頁。

（9）日本経済新聞「日曜に考える」２０１７年1月22日。

（こまつ やすのぶ）

批評の眼

ポスト真実ではなく、あるべき報道のために

武蔵大学社会学部メディア社会学科教授　永田浩三

〝嘘〟が大手を振ってまかり通る

新年（2017年）、びっくりする番組に出会った。沖縄・高江の米軍ヘリパッド建設に反対する人たちを描いた1月2日の放送のTOKYO－MXTVの〝報道番組〟「ニュース女子」である。

軍事ジャーナリストが現場（?）なるところを訪れる。が、そこは高江でなく、不当逮捕に抗議するひとが声を上げる名護警察署の前だった。番組では、彼らは自発的にではなく、誰かに集められた過激派・テロリストまがいだと伝える。そのジャーナリストは、トンネルの前に立ち、「ここから先はトラブルの危険が起きかねないため、やむを得ずロケを断念するのだ」とリポートした。だが放送後、トンネルから高江までは、40㎞もあり、車で1時間かかることがわかった。

つまり、ここから先は行けないなどという事実はなかった。番組では、ヘイトスピーチに抗う辛淑玉さんが運動の黒幕的存在であり、金で人びとを操っているとされた。市民からのカンパが沖縄との往復旅費に使われることはあるが、黒幕などという事実がないことは誰だってわかる。そんなことは本人に確かめれば済むことだ。現場に行かない、取材もしない、裏とりもしない。ただ一部の噂を拡大したものは、ニュースでも番組でもない。公共の電波を使った嘘でしかなかった。

オックスフォード英語辞書は、2016年を象徴する言葉として「ポスト・トゥルース（ポストはその次、トゥルースは真実）」を選んだ。つまり真実のあとに来るもの。〝嘘〟が大手を振ってまかり通る社会的風潮を意味する。それを実際に行なう代表的人物として、トランプ氏や安倍総理の名前があがっていた。

いまや誰もがＳＮＳによって気軽に嘘をばらまくことが可能だ。なかでも権力者たちが積極的に嘘をつき、大手メディアがそれを垂れ流す。そんな世の中であってよいはずがない。

１月25日、ＮＨＫの会長がついに交代した。「政府が右と言うものを左と言うわけにいかない、慰安所は戦争のあるところどこにでもあった」と、就任初日の記者会見で語った籾井勝人氏の再任がかなわなかった。わたしは、ＮＨＫに身を置いた人間として、公共放送の健全性を取り戻すために、信頼できるリーダーを自分たちの手で選ぶ活動をした。落合恵子さん、学者の会の広渡清吾さん、元東京学芸大学学長の村松泰子さんの３人を推薦する名簿をＮＨＫのＯＢと市民が提出した。希望はかなわなかったが、籾井氏の続投がなくなったことはよかったと思う。

新しい会長に選ばれた上田良一氏は元三菱商事副社長で専任の経営委員。ハイヤー私的利用問題では、籾井氏の責任を問うたこともある。上田氏は２０１６年５月、函館での「視聴者のみなさまと語る会」でこう語っている。「放送・ジャーナリズムが国家権力に追随するような形は必ずしも望ましい形ではありません」。発言は歓迎すべきだし、内部の評判もよいようだ。この稿が活字になる頃は、記者会見で、公共放送のトップとしての見識が示されていることを期待したい。

権力のお先棒を担ぐ大手メディア

それにしても、ＭＸＴＶは極端だとしても、ＮＨＫ以下大手メディアの惨状は、どうしたものだろうか。２０１６年12月の日ロ交渉では、領土返還は見込めなかったにもかかわらず、政権は期待をあおり、メディアがお先棒を担いだ。交渉最終日、ＮＨＫニュースは45分にわたって安倍総理の成果を伝えた。１月13日発売のフライデーには、日ロ交渉の舞台裏をスクープしたという触れ込みのＮＨＫスペシャルで、日本側の外交の作戦会議の映像は、実はＮＨＫが独自に取材したのではなく、官邸から渡された映像が使われていたことが記事になっている。ＮＨＫの官邸との癒着を伝える出来事だが、このことは、安倍総理が大手メディアの幹部と会食した席で、総理自身の口から明かされたことで表に出たというから、開いた口がふさがらない。２０１５年、戦後70年安倍談話が出された際、夕方６時の「官邸からの生中継」「ニュース７」そして

「ニュースウォッチ9」の3つの放送時間帯を総理が占拠した異常事態に加えて、汚点がまた一つ付け加わった。

消費税増税の公約違反を新しい判断と言い、戦争法案の強行を積極的な平和と言い、年金カット法案を年金改革と言い、沖縄への新たな基地建設を負担軽減と言う。こうしたまやかしの言葉の操作に、なぜメディアはもっと鋭く切り込むことができないのか。

いま、韓国釜山の領事館前の少女像を巡って、日本政府は大使や領事を引き揚げるという強行手段に出ている。日韓両政府は、去年暮れ、慰安婦問題の最終的不可逆的解決を合意し、少女像撤去の努力も約束していたのに反故にしたのは、韓国政府が悪いというのが安倍政権の立場だ。しかし、被害者を抜きに合意したツケが噴出したままであり、背景や経緯を詳しく伝えない日本の大手メディアはなんとも情けないと思う。

新年（2017年）8日、ゴールデングローブ賞の授賞式で、メリル・ストリープさんはトランプ氏の差別的言動を批判するとともに、「信念を持った記者がわれわれには必要だ」と権力を監視するメディアの必要性を訴えた。これは日本社会にこそ向けられた言葉だと思う。

（ながた　こうぞう）

PART 2

地方紙が訴える時代の争点

《改憲》

お試し改憲など言語道断 憲法を国家権力に委ねてはならぬ

福井新聞社　参与・特別論説委員　北島三男

強まる改憲への警戒感

今や戦後生まれが約8割を占める平和の国日本。誰もが「幸福でありたい」と願ってきた。平和憲法は第13条で「生命、自由及び幸福追求に対する国民の権利」を明記し「最大の尊重を必要とする」と定めている。

だが、現実は必ずしもそうではない。貧困や格差が拡大し、実に子どもの6人に1人が相対的貧困にあるとされる。非正規労働者は全体の4割を超え、劣悪な環境で働かざるを得ない状況が現出している。富の偏在が一層顕在化し、富裕層上位40人の資産が日本の人口の下半分（約6000万人）の資産と同じ状況にあるのだ。果たして基本的人権は守られているのか。憲法を考える原点は、人間らしい生き方の追求にある。その意味でも、3原則である国民主権・基本的人権の尊重・平和主義を70年以上掲げ続けてきた日本国憲法の立ち位置をいま一度考えてみることが重要になる。

安倍政権の下で憲法改正論議が政治の大きなテーマになってきた。本当に改憲が必要なのだろうか。メディアも多角的に世論を探っている。注目すべきは共同通信社が2016年10月、憲法公布70年に当たり実施した調査だ。憲法改正が必要かでは58％が「必要」と答え、「必要ない」の40％を上回った。憲法第9条改正については「必要ない」49％、「必要」45％とかなり接近している。しかし、「安倍政権の下での改憲」には55％が「反対」と答え、「賛成」42％を大きく上回った。これが現時点での国民の意思ではないのか。2013年6月時点での改憲派が63％だったことを考えれば、憲法第9条改正を宿願とする安倍晋三首相と自民党など改憲勢力の拙速な動きに、警戒感が強まっていることを意味する。

本当に今、改憲が必要なのか

安倍首相自身の公式サイトでは、第1次安倍内閣のスタートに当たって宣言した「戦後レジーム（体制）からの脱却」を前面に掲げた。「自由民主党　安倍晋三」として「『美しい国、日本』を目指して」と題したサイトでは、外交、教育再生、それに憲法改正の3政策を「基本政策」として国民に提示している。2009年6月12日の最終変更から一度も変わっていない。執念とも思える安倍イズムがぎらつき、政治家安倍晋三を理解するのに、最も分かりやすい資料ではないだろうか。

筆者は福井県内での講演などで、よくこの資料を使わせてもらっている。時に参加者に声に出して読んでもらうケースもある。そうすれば、文面から荒々しい息遣いまで伝わってくる。なぜ、安倍首相がここまで憲法改正にこだわるのか、なぜ「自主憲法を」と叫ぶのか。安倍政治の本質が露呈する。

「憲法改正」では、「憲法を頂点とした行政システム、教育、経済、雇用、国と地方の関係、外交・安全保障などの基本的枠組みの多くが、21世紀の時代の大きな変化についていけなくなっていることは、もはや明らか」として、「戦後レジームからの脱却を成し遂げるためには憲法改正が不可欠です」と明言している。

公式サイトでは、改憲が必要な理由として、以下の3点をあげている。▽GHQ（連合国軍総司令部）による押し付け草案である、▽新たな価値観や課題に対応できていない、▽憲法は国の基本法、日本人自らの手で書き上げていくことこそが、新しい時代を切り拓いていくと主張しているのである。さらに、「もちろん9条では『自衛軍保持』を明記すべき」とし、結びで「今後も憲法改正に向けて全力で取り組みます」と不退転の決意を表明している。

安倍首相は、衆参両院の改憲勢力が改正の国会発議に必要な3分の2以上を確保した今こそ、改憲を成就させる絶好の機会と考えているのだろう。国会答弁では「指一本触れてはならないと考えるのは思考停止だ」と発言し、また、テレビ番組では「今を生きる政治家として責任を放棄している」とまで厳しく断じた。安倍首相の母方の祖父である岸信介元首相が、「占領下にできた憲法を改めて、日本にふさわしい自主憲法を作りたい」として憲法調査会をスタートさせながら、日米安保条約改定が精いっぱいで果たせなかった悲願を、「この手で」と考えるのは、政治家としての根本精神であろう。しかし、直情径行型の考えは、一方的で論理破綻している。

日本政府は1945年8月14日、太平洋戦争を終結するためにポツダム宣言を受諾した。そこでは「民主主義の復活強化」や「基本的人権の尊重の確立」などが条件とされた。憲法学者の木村草太・首都大学東京教授は、テレビ報道番組の中で、上記の条件は「国際社会の当然の要求であると同時に、当時の国民の希望、願いでもあったはずです。GHQは、最初は日本政府に憲法改正を委ねていたが、その内容が民主主義の復活強化というにはあまりにも不十分だったということで、GHQが草案、というか原案をつくるに至った」と解説している。草案は帝国議会の審議過程で修正され、現憲法は正式な手続きで成立したものだ。当初案になかった「国民主権」が盛り込まれたのは、GHQの働き掛けで、主権在民、普通選挙制度、文民条項などが明文化されたことによる。

安倍首相の指摘する2点目の「新たな価値観」とは何か。環境権やプライバシーを保護する権利を具体例としてあげているが、現憲法の運用の中で対応できないほどの難題なのか。ただ改正に走るだけでなく、十分な国会議論が必要だ。3点目の「日本人自らの手で」という高邁な精神は理解できるが、70年以上も国民が現憲法を大切に保持し、機能してきた重みをどう感じるのか。むしろ「ノーベル平和賞」の候補にまでなった現憲法に誇りを持つべきではないのか。

「解釈・お試し改憲」は立憲主義の否定

自主憲法制定を党是とする自民党は、2012年に改正草案を取りまとめた。「占領体制から脱却し、日本を主権国家にふさわしい国にするため」と位置付けるが、いまだ占領体制という時代錯誤に陥っていることに違和感を覚える。現憲法第2章の「戦争の放棄」が消え「安全保障」に、第9条では自衛隊を「国防軍」として集団的自衛権の行使容認を明示した。

平和憲法として第9条は戦争放棄をうたい、戦力の保持や交戦権も認めていない。歴代内閣は、専守防衛のため個別的自衛権を行使することは、現憲法下でもできると解釈した。だが、密接な関係にある他国が攻撃された場合に、加勢、反撃する集団的自衛権の行使は、「国際法上有しているが、行使することは憲法上許されない」との政府見解が1981年に確立している。

安倍政権は2015年9月、その歴代内閣が禁じてきた集団的自衛権の行使容認を「明文改憲」を経ず「解釈改憲」で強行し、安全保障関連法を成立させた。メディアの調査では、憲法学者の95％以上が「違憲」と判断している。国家権力の恣意的行為に歯止めをかける「立憲主義」の否定につながるものだ。

領土をめぐる中国の軍事的圧力や北朝鮮の核・ミサイルの脅威など「国際情勢の変化」を、日米同盟深化による集団的自衛権行使の根拠にしている。自民党の高村正彦副総裁は、憲法で許される「必要最小限度の自衛権」の範囲に、集団的自衛権の一部が含まれるとする「限定容認論」まで持ち出していた。安倍政権は「積極的平和主義」を掲げている。平和と言うなら、なぜアジアの盟主として対話外交を強力にリードしないのか。改憲至上主義に陥った危うい政権運営である。

自民党が実現を目指す改憲のさらなる懸念材料は、草案に「公益及び公の秩序」を守るために国益を優先し、人権を制限する規定を盛り込んだことである。基本的人権は第97条で、「侵すことのできない永久の権利」と明記している。改憲草案は、この条項を全文削除してしまった。明らかに立憲主義に反し、人権尊重に逆行する。また、草案ではあまり目立たないが、第99条に規定する憲法尊重・擁護義務に関し、「天皇」を抜いて、新たに「国民」を加えた。憲法を順守しなければならないのは権力の側である。これでは国家権力を縛るはずの憲法が、国民を縛るものになってしまう。既に現憲法では第12条で国民の自由と権利の保持に努力するよう求めているのに、それを超えて縛ってしまっては、立憲主義の底が抜けてしまうことになろう。

安倍政権は、こうした性急な改憲には、国民や学者ら知識人の拒否反応が強いと見て、まず「国民は憲法改正に慣れることが必要」との考えから案じたのが「お試し改憲」である。つまり、「9条以外の条文を改正して、国民を改憲に慣れさせる」という訳である。中でも合意を得やすいと考えた論点が、現憲法への「緊急事態条項」の追加だ。現憲法の第54条でも、衆院解散中に緊急の必要があれば、内閣が参院の緊急集会を求めることができると定めている。

だがそれは、あくまで臨時的措置である。安倍政権の「お試し改憲」への切り口は、大規模災害や武力攻撃を受けるなどの非常時には、内閣に権限を集中させる「緊急事態条項」の新設が不可欠とする考え方である。これについても、権力の乱用を懸念する意見が強く、災害対策基本法や災害救助法などの現行法で対応できるとの指摘もある。2016年4月の熊本地震発生の際、菅義偉官房長官は「緊急時に国家、国民が果たすべき役割を憲法にどう位置付けるかは極めて重く大切な課題だ」と述べた。いかにも国民が納得しやすい改憲への視点だが、「こんなときに憲法改正を語ることなど、甚だしく場違いだ」との反発があった。あの手この手で現憲法に不備があるような指摘を繰り返し、国民を改憲に導こうとする官邸主導の世論誘導が加速していく。

報道の自由を縛る改憲は、国民の権利を縛る

自民党の改正草案に見られるように、天皇を「国民の象徴」から「国家元首」とする復古的なトーンを強める安倍政権は、その多くが首相の政治理念や国家観の一致する人材で占められている。それを強固な右派勢力が支持しており、リベラルな考えを持った自民党議員の姿はかすんで見えない。ここにも、単色化する政治の危うさが見てとれる。

政治権力がどの道を選択しようと、国民を縛る権利はない。そこに報道の自由があり、社会の公器としての報道の責任も発生する。現憲法21条は「一切の表現の自由」を保障している。しかるに、改憲草案では、それを保障したうえで、「前項の規定にかかわらず、公益及び公の秩序を害することを目的とした活動を行うことは認められない」との規定を付け加えた。「公の秩序」を時の権力が恣意的に判断すれば、どうなるだろうか。

安倍首相は2014年11月の衆院選に際し、選挙報

道が偏っていると批判した。2015年6月には、首相に近い自民党若手議員による憲法改正を推進する勉強会「文化芸術懇話会」で、安保関連法案に対する国民の理解が広がらない現状を踏まえ、「マスコミを懲らしめるには広告料収入をなくせばいい」との意見で盛り上がり、揚げ句、講師に招いた作家の百田尚樹氏は、「沖縄の二つの新聞はつぶさないといけない」などと暴言を吐いた。高市早苗総務相が政治的公平に反する放送局に対して、電波停止を命じる可能性に言及するなど、安倍政権下で、報道への干渉や介入が強まっている。日本の戦時中の過ちを繰り返させてはならない。国際的にも、米国のトランプ新大統領による敵意むき出しのメディア攻撃など、権力の排外主義からくる内向きの論理が急速に拡大している。健全な言論活動を阻むことは、むしろ「公の秩序」そのものの崩壊を招くということを、肝に銘じる必要がある。

さらに強まる改憲への執念と「軍事化」路線

安倍政権は集団的自衛権の行使に関し、厳格な憲法解釈を堅持してきた「憲法の番人」内閣法制局まで都合良く変質させた。政権の下で2014年5月、新長官となった横畠裕介氏は、2016年3月の参院予算委員会で、「憲法上あらゆる種類の核兵器の使用が、およそ禁止されているとは考えていない」と異例の見解を表明した。

ここまで地ならししても、一般の法律よりも厳格な改正手続きを定めた「硬性憲法」を改正することは容易ではない。ただ、護憲勢力は根強いものの、最高権力者の絶えざる改憲必要論がアナウンス力を増し、容認世論は過半数に達する。自民党は2017年を国会論議が本格化する年と位置付け、与野党が論議しやすい環境づくりを設定した。反発の強い自民党草案をひとまず引っ込めた。論点整理では、緊急事態条項や公明党が主張する環境権、2016年夏の参院選で導入され批判の強かった選挙区の「合区」(「一票の格差」を是正するために設置された2つの県にまたがる選挙区)解消なども含まれる。旧民主党が提起した、首相の専権事項である衆院解散権の制約も取り上げることで、議論の促進を狙っている。

第9条はこうした改憲土俵のど真ん中に位置する「本丸」である。安倍首相は左手に経済成長戦略、右手に第9条を握り締め、「安倍1強」政治を果敢に推進している。国家安全保障会議（NSC）の新設、特定秘密保護法の制定、武器輸出三原則の撤廃、安保法制の整備などを強硬に進めた。安全保障環境の変化は、日米同盟を強化させながら、改憲による「戦力保持」「戦える自衛隊（軍隊）」へと突き進む口実を与えている。安倍首相は国会答弁で、自衛隊を何度も「わが軍は」と述べている。防衛費は2002年度の4兆9560億円をピークに減少傾向だったが、第2次安倍内閣発足後の2013年度予算から着々と増強され、2017年度は過去最大の5兆1000億円超。社会保障費の圧縮が課題となる中で、異例の突出予算だ。いわゆる「緊張する国際関係のリアリズム」に満ちた安倍政治の姿である。自民党の総裁任期規定の見直しにより、安倍首相は3期9年と、歴代内閣最長になる可能性が出てきた。改憲への執念と「軍事化」路線は、さらに強まることが予想される。

最高法規の憲法はいったい誰が守るのか

一方で、三権分立は正常に機能しているだろうか。近代民主主義では、立法、行政、司法が互いの権力をけん制し合う仕組みを有してはいるが、今や行政府と立法府は政治力学が一方的に働き、独立性が危ぶまれている。2016年5月の衆院予算委員会で、安倍首相は行政府の長である自身の立場を、「立法府の長」と混同する答弁を繰り返したことがある。果たして混同だったのだろうか。

肝心なのは司法権である。憲法は国家権力による憲法侵害や違法行為を審査する違憲審査権を、「憲法の番人」の頂点に立つ最高裁に与えている。憲法第81条で「最高裁判所は、一切の法律、命令、規則又は処分が憲法に適合するかしないかを決定する権限を有する終審裁判所である」と明記する。これが「憲法保障」だ。ただし、国会で成立させた法律を違憲かどうか判断する権利はあるが、義務はない。実際、最高裁は自衛隊や日米安保条約が違憲か否かの判断を拒否している。わが国は、具体的な訴訟に関して憲法判断を下す「付随的審査制」（米国型）を採用しており、特別に設けられた憲法裁判所が、具体的な争訟とは関係なく抽象的に違憲審査を行なう「抽象的審査制」（ドイツ型）ではない。それは「司法消極主義」である、との指摘もある。

最高法規の憲法を、いったい誰が守るのか。最近の司法判断は、沖縄県の基地問題を巡る訴訟を見ても、司法の独立性を損なうほど政権寄りに見える。国と県の間で泥沼化する米軍普天間飛行場の名護市辺野古への移設問題に関し、2016年9月の福岡高裁那覇支部判決では国が全面勝訴した。仲井真弘多前知事の埋め立て承認を「不合理ではない」とし、翁長雄志知事による取り消しを違法と結論付けた。「普天間飛行場の被害を除去するには、新施設等を（辺野古に）建設する以外にない」としたばかりか、「北朝鮮の弾道ミサイル『ノドン』の射程外は、国内では沖縄などごく一部」と判断し、沖縄に米軍基地を置く地理的利点にまで言及した。現役裁判官もあきれるほどの政府見解のコピーである。県側は、高裁判決を「地方自治の本旨に反し、憲法違反や判例違反がある」「自治権の侵害」であるとして反発した。続く最高裁は、弁論の機会すら与えず、知事の上告を棄却してしまった。

沖縄の自治権の確立こそ「脱占領体制」

ここで問題になるのは、「国と地方自治」の関係である。2000年4月施行の地方分権一括法による地方自治法改正で、国と自治体は「上下・主従関係」から「対等・協力関係」になったはずだ。しかし、政府は2016年7月、知事が政府の是正指示に従わないのは違法だとの確認を求める訴訟を、福岡高裁那覇支部に起こしたのだった。辺野古移設は国の安全保障や外交に絡む国政案件であり、県は国からの委託事務作業を行なっているだけという「上下・主従関係」が厳然と残っている。国と地方自治体の対立が深刻化する中で、対立を和解に導く緩やかな対話はない。国が違法確認訴訟を起こすのは前代未聞といえる。

日米同盟を背景に国家権力を振りかざす政府は、「一日も早い普天間の危険性除去には、辺野古移設しかない」と呪文のように繰り返しているが、そうすれば一段と要塞化した新基地ができるのだ。沖縄は先の大戦で日米決戦の舞台となった。今も米軍が「占領」し続け、国土のわずか0・6％の島に、国内の在日米軍専用施設全体の約7割が集中している。事故や事件が絶えない。1972年5月の本土復帰以降、42年間に起きた米軍機事故は650件を超えるとのデータもある。新型輸送機オスプレイの深刻な事故（2016年12月）も、発生したばかりだ。

普天間飛行場に駐留する在沖海兵隊は、沖縄復帰直後に撤退し、米自治領・北マリアナ諸島テニアンへの移転を検討していたが、日本政府が兵力維持を望んで引き留めたことが、機密指定を解除された米公文書などで明らかになっている。国家の意思であるなら、安倍首相が強調する「沖縄に寄り添う」という言葉に責任を持ち、主体性を発揮するべきであろう。治外法権がまかり通る下での米従属姿勢では何もできない。

これ以上、沖縄に犠牲を強いてはならない。佐藤栄作元首相の密使として沖縄返還交渉に当たった福井県出身の国際政治学者・若泉敬氏は、1994年、著書『他策ナカリシヲ信ゼムト欲ス』で、返還時の核密約の存在を明らかにした。その2年後、沖縄に対する呵責の念から「結果責任」をとって、鯖江市の自宅で自裁した。若泉氏は、現代日本への諫言として、物質・金銭万能主義に走る状況をこう記した。「愚者の楽園」であると……。自民党が改憲草案でいう「占領体制からの脱却」を真に実現するものは、憲法改正ではない。「占領体制からの脱却」のための矛先は、安倍政権の沖縄政策にこそ向けられるべきなのだ。

地域の苦悩を共有する地方紙の連帯

福井新聞は、地方紙として沖縄の痛みを共有するべく、一般記事に加え、論説でも逐一論陣を張っている。沖縄の戦火の惨状を、当時の米陸軍省は「ありったけの地獄を一つにまとめた」と記している。20万人を超す死者の半数は、地元民とされる。普天間飛行場がある宜野湾市の嘉数高地（現嘉数高台公園）などの激戦の地には、46都道府県の慰霊塔が建っている。「福井之塔」は糸満市の摩文仁の丘にあり、2万4507柱が合祀されている。現在の平和は、こうした尊い犠牲の上に築かれてきたことを再認識する必要がある。

14基の原発を抱える福井県は、世界でも稀な原発の集中立地帯である。「世界一危険」とされる普天間飛行場や嘉手納基地など33もの基地に占有される沖縄。いずれの県も、それぞれが抱えている苦悩を国民の「無理解」にさらされ、「人ごと」という目で見られている点で共通している。沖縄2紙の紙上には、何度も弊紙の論説が登場している。現実を照射する地方紙の底力を信じたい。

その地方のあり方を考えるうえで、現状の「地方分権」は、独自性のある地域形成を図っていくうえからも、見直しが不可欠になっている。いびつな中央主権体制からの脱皮である。真の地域主権と持続可能な地方自治を確立していくために、憲法はどうあるべきなのか。道州制を視野に入れて統治機構改革を旗印に改憲を志向する政党もあるが、衆参の憲法審査会で幅広い観点から熟議し、論点整理を進めるべきだ。国家のご都合主義に抗う気概を持ちたい。

われわれはいま一度、国民生活や国家・国政の基礎をなす憲法の精神である「立憲主義」と向き合う必要がある。平和と自由を享受するためにも、国民に主権者としての自覚と覚悟が求められる時代である。

憲法学者の長谷部恭男・早大教授は、『憲法と平和を問いなおす』（ちくま新書）の中で、「立憲主義は自然な考え方ではない。それは人間の本性にもとづいてはいない。いつも、それを維持する不自然で人為的な努力をつづけなければ、もろくも崩れる。世界の国々のなかで、立憲主義を実践する政治体制は、今も少数派である。立憲主義の社会に生きる経験は、僥倖である」と述べている。さらに、憲法第9条は「原理」であり「準則」として捉えるべきでないとする。問題に対する特定の答えを一義的に与えようとするのが「準則」であり、「原理」は特定の方向に答えを導く力として働くにとどまるものとして受け取る必要があるということだ。

その意味で「憲法は改正する必要があるのか」という漠然とした問い掛けに、日本国民は、十分な答えを導き出してはいない。原理としての憲法の精神を、どう形にしていくかは、日本人の英知に委ねられていることになる。日本は未来へどう舵を切り、進むのか。憲法の規範ともいうべき「立憲主義」が真に息づく社会を志向することは、日本の歴史の中でも、世界の中でも、実に「幸いなる試練」であると考えるべきではないか。狭義の解釈論や護憲対改憲の二項対立に陥ることなく、主体的に捉え直し、行動していく責務がある。

1947年5月3日に発行された国民向け小冊子「新しい憲法　明るい生活」はこう記した。「平和世界の建設こそ日本が再生する唯一の途である。今後われわれは平和の旗をかかげて、民主主義のいしずえの上に、文化の香り高い祖国を築きあげてゆかなければならない」。同時に、こうも述べている。「新憲法は、日本人の進むべき大道をさし示したものであって、われわれの日常生活の指針であり、日本国民の理想と抱負とをおりこんだ立派な法典である（中略）。実行がともなわない憲法は死んだ文章にすぎないのである」。この小冊子で呼び掛けたのは、帝国議会が設置した憲法普及会。会長は後の第47代首相・芦田均氏である。

最高法規は、国家権力が侵した過ちを二度と繰り返さないためにある。

憲法施行から70年になるというのに、われわれの努力は、まだ崇高なる日本国憲法の足元にも届いていないのかもしれないのだ。

（きたじま みつお）

《改憲》

地域の一人を守ることが世界を変える 差別・排外主義と地続きの国家主義を撃つ

神奈川新聞社　デジタル編集部編集委員　石橋　学

侵される側に立つことこそ地元紙の務め

夜も更けた取材の帰り道、ＪR川崎駅へと向かうバスを待ち、停留所にたたずむ。京浜工業地帯の工場群までひと足、６車線の幹線道路を行き交う車の姿はなく、あたりを静寂が包む。

はす向かいの、住宅街に通じる脇道の交差点をぼんやり眺める。もう1年以上が経つというのに、刻まれた記憶はなお鮮明だ。

はためく旭日旗。迫り来るサングラスとマスク姿の一群。両脇を固める神奈川県警機動隊。冷たいアスファルトに身を横たえる人びと――。

少年の叫びが耳の奥からよみがえってくる。

「お願いです！　桜本には来させないでください！　この道を絶対通させないでください！　桜本を汚さないでください！　僕は大人を信じてます」

寄り添う母親の涙声、その残響が重なる。

「差別をやめて、共に生きよう！」

その日、２０１６年1月31日、川崎市川崎区桜本を襲った「川崎発日本浄化デモ第二弾」の現場に私はいた。ヘイトスピーチという、戦後70年余を経てこの国が行き着いた荒廃、グローバリズムの果てに迎えた憎悪渦巻く現場に、である。

鈍色《にびいろ》の雲が垂れ込めた寒空の下、差別主義者の悪罵が迫る。

「朝鮮人は出て行け！　ゴキブリだあ！　ゴキブリ朝鮮人は出て行け！」「発狂するまで焦ればいい。じわじわ真綿で首を絞めてやる。一人残らず出ていくまでな」

私は若手の塩山麻美記者に叫んでいた。

「こっちに来い！　写真を撮りまくるんだ！」

在日コリアンの家々まで100mという大島3丁目交差点、デモ隊の侵入を防ごうと「カウンター」と呼ばれる差別・排外主義に反対する市民、地域住民が横断歩道に次々と体を横たえた。その決然の意思を宿す顔々を手前に写し込み、冷たく見下ろす機動隊の鉄面《てつめん》皮《ぴ》を正面に見据え、背後にのぞく差別主義者の嘲りの笑いを収める。このカットこそ、明日の紙面で伝えるべき1枚だと思った。

侵される側に立ってこそ醜悪さはより浮き彫りになる。この街と、この街に生きる人たちを知る地元紙記者のそれが務めだ、と私は腹をくくっていた。

対峙すること数分、トラブルを避けたい県警の説得もあり、デモ隊はUターンしていった。

歓声が起き、安堵が包んだ。

「最悪の事態は避けられた」

それだけだった。

自分のことが人間と映っていないらしい、理解不能で正体不明の、しかし、どこにでもいそうな老若男女が、迫害の意思を持って襲ってきた、その恐怖。日常のふとした瞬間に「ひょっとして」の思いはよぎる。あのデモに感化された隣人がいないと、どうして言い切れよう。一瞬で失われた安寧。そして、民族浄化を想起させる蛮行が地域住民を守るべき行政によって許可され、警察に警護されながら実行されたという二重三重の絶望。

首謀者は捨てぜりふを残して去った。

「また来てやるからよ」

桜本を守る闘いはここに始まり、長男の中根寧生《ねお》さん（14歳）の傍ら、涙で声を枯らした在日コリアン3世の崔江以子《チェ・カンイヂャ》さん（43歳）と併走していくことになる。20年余り前、最初の赴任地であった川崎での桜本の人たちとの出会いと、それからの日々を思い返しながら。

「思い込みを排し、思い入れを大切にして記事を書く。それが記者というものだ」

ふいによぎった、駆け出しだった当時聞かされたそんな先輩の教えも胸に、同時進行のルポを発表していく場となったのが「時代の正体」シリーズの「ヘイトスピーチ考」であった。

地方紙という枠から脱し大海に漕ぎ出る

「時代の正体」のスタートは2014年7月15日、安倍晋三内閣が集団的自衛権の行使を閣議決定によって容認するという、戦後日本が迎えた歴史的転換の2週間後のことだった。

「憲法違反」「立憲主義の破壊」という批判を顧みず、憲法という縛りを自ら振りほどく権力の暴走を目の当たりにし、苦いものがこみ上げてくるのを私は感じていた。

安倍政権の憲法軽視はいまに始まったことではなかった。前年の12月には、国民の知る権利を侵す特定秘密保護法を強行採決によって成立させている。それ以前の野党時代に自民党が公表した憲法改正草案は、基本的人権、国民主権、平和主義という現行憲法の精神を真っ向から否定するものだった。

私たちは何を見過ごし、何を書き逃してきたのか。歯止めになり得ぬジャーナリズムは存在意義を失う。予感もある。解釈改憲という成功体験を得て、政権は憲法改正へ暴走を加速させるだろう。それでもなお十年一日の記事を書き続けるのか。

「時代の正体」なる大仰なタイトルに果たすべき役割を果たしてこなかった自省を込め、遅ればせながらの巻き返しを誓ったつもりだった。

初回のタイトルは「集団的自衛権考」。集団的自衛権の行使についての安倍晋三首相の国会答弁を批判した。「米国の戦争に追従するわけではない」と強調する危うさ、欺瞞を、軍事ジャーナリスト、元陸上自衛隊隊員、元内閣法制局長官に指摘してもらった。いまに言う「ファクトチェック」（政治家らの発言内容を確認し、「正しい」「間違い」など、その信憑性を評価するジャーナリズムの手法）であった。

以後、「安全保障関連法制考」「憲法考」「民主主義考」「歴史認識はいま」「表現の自由考」「共謀罪考」とさまざまに銘打ち、2017年2月末現在、「障害者殺傷事件考」をもって447回を数え、シリーズは続く。

恐れがないではなかった。権力批判がどのような波紋を招くのかという以前に、国のありようを問うなどという企画は、一地方紙の身の丈に合わないのではないかという、畏れであった。

だが、もはや目の前に広がる相模湾の勝手知ったる湾内をのんびりセーリングしている場合ではないはずだ。都県境の内側のみを守備範囲とし、それ以外は共同通信社の配信記事に任せておけばよいという身の処し方はそもそもどうだ。多摩川を越えればそこは都内だ。全国紙、ブロック紙と競合し、苦戦を強いられる首都圏という立地は、政治、情報の中心地に近接しているという地の利でもある。いまこそ地方紙という枠を脱し、大海に漕ぎ出るべきではないのか。押し寄せる荒波はきっと、私たちをまだ見ぬ地平へ導いてくれるはずだ。

そう考えて自らを解き放った一人、国会前へ足しげく通った田崎基記者は書いた。

〈一回り以上年の離れた若者たちの言葉に、私はいつだって身につまされてきた〉

安全保障関連法案の反対集会に集う「ＳＥＡＬＤｓ」の学生たちは自らの足でここへ来て、自らの言葉で語っていた。では、記者として自分は自分の言葉をどれだけ記事で語ってきただろう。

新基地建設で揺れる沖縄・辺野古へ飛んだ松島佳子記者は、会見で引き出した翁長雄志知事の言葉を自らに向けられたものとして記した。

〈沖縄がなお蹴散らされるかはこれからの問題だが、地方、地域が中央からどんな扱いを受けるのか、地方からしっかりもの申さなければならない。今のままでいけば、皆、中央になびき、それも恥ずかしいくらいになびき、その恥ずかしさを誰も感じない。それが今の日本の難しさなのだと思っています〉

問われていたのは、新聞報道のありようそのものでもあった。

「このシリーズは説教くさくないところが、いいんです」。のちに書籍化された『時代の正体　権力はかくも暴走する』『時代の正体 vol.2　語ることをあきらめない』『ヘイトデモをとめた街　川崎・桜本の人びと』（いずれも現代思潮新社）への編集者の上記の評は、突如天下国家を語り始め、説教などできるはずもない私たちのおぼつかない足取りを言い当てていると同時に、客観報道、両論併記といった従来のスタイル、空疎な傍観者的、第三者的物言いへの苦言が込められていた。

「偏る」とは軸足を地域に置くこと

ほどなく届くようになったのは、しかし、記事が偏っているという読者からの批判だった。

私は反論を書いた。

〈本紙論説・特報面の「時代の正体」シリーズについて、記事が偏っているという批判が寄せられる。それには「ええ、偏っています」と答えるほかない。

偏っているという受け止めが考えやスタンスの差異からくるのなら、私とあなたは別人で、考えやスタンスが同じでない以上、私が書いた記事が偏って感じられても何ら不思議ではない。つまり、すべての記事は誰かにとって偏っているということになる。

あるいは、やり玉に挙げられるのは安倍政権に批判的な記事だから、政権の悪口ばかり書くなということなのかもしれない。

これにも「でも、それが仕事ですから」としか答えようがない。権力批判はジャーナリズムの役割の一つだからだ〉

〈だから空気など読まない。忖度《そんたく》しない。おもねらない。孤立を恐れず、むしろ誇る。偏っているという批判に「ええ、偏っていますが、何か」と答える〉

2015年10月15日、以上のように書いた新聞週間の特集ページで、私は自分たちへのメッセージを次のように発したつもりだった。

果たして偏向報道批判は傾聴すべき批判だろうか。何も主張するなと言うのか。当たり障りのない記事で利するのは誰か。求められていると思い込んでいる両論併記はその実、主体的思考の放棄、批判を避けるための逃げではないのか。

「偏る」とは、自らの立ち位置を決めるということだ。私たち地方紙の軸足は地域にこそある。右であろうと左であろうと、依って立つのは、突き詰めれば、この街、あの街のこの人、あの人の暮らしを守るという一点であるはずだ。

私は桜本の闘いを追う中で、その思いを深めていくことになる。

「差別の問題に中立、放置はあり得ません。差別を止めるか否かです」

崔さんが訴え、求めたのがまさに「偏る」ことだった。

在日コリアンの人びとと共に生きてきた日々

２０１６年３月22日、参院法務委員会に緊張した面持ちの崔さんがいた。ヘイトデモの被害を名乗り出たことで法案審議の参考人として白羽の矢が立ったのである。

「国会なんて、参政権のない私たちには一番縁遠いところなのに、ね」

崔さんが国会に足を運ぶのは、１９９５年、在日１世の戦後補償を求めたデモ以来だ。互いに20歳代だった、戦後50年の夏の記憶――。

「私、高校生まで日本名を使う『隠れコリアン』だったの」。当時、崔さんは在日コリアンと日本人の子どもが交流するための施設「川崎市ふれあい館」で働き始めたばかりだった。「ありのままの自分を隠すことなく人間らしく生きたい」。差別のない社会を願う声に応え、民族差別の解消を目的に市が開設した全国でも例を見ないふれあい館こそは、「共に生きる街」桜本と外国人施策の先進自治体であった川崎市を象徴していた。

私が赴任して2年目の１９９６年に、川崎市は、政令市として初めて一般職員採用試験の国籍条項撤廃に踏み切る。「机を隣にする子どもが国籍の違いで同じ夢が見られない。次の世代には同じ思いをしてほしくない」。国が難色を示す中、若き崔さんをはじめとする桜本の人びとの声が英断を後押しした。風穴は開き、この国の社会に立ちはだかる最大の壁、地方参政権を手にする日はそう遠くないと思えた。

それから20年。川崎市の姿勢にかつての面影はなかった。「根拠法がないから具体的な対策は取れない」。川崎駅前で２０１３年5月に始まったヘイトデモを、行政は無策のまま許可し続け、在日コリアンの集住地域である桜本、それも日常の暮らしの場への2度の襲撃というエスカレートを許す。人権行政の後退を前に、ここでも思わずにいられなかった。

何を見過ごし、何を書き逃してきたのか。

居並ぶ国会議員を前に崔さんは声を震わせた。

「被害を行政機関に訴えても、助けてもらえない。私の息子や桜本の子どもたちは、ヘイトスピーチをする大人から傷つけられ、さらに守ってくれない大人に傷つけられた」

「差別があっても法律がない。放置されたままでは、いつか私たちは本当に殺される」

「現状、国は差別を止めてはいない。残念ながら差別に加担していることになる。何より国が中立ではなくヘイトスピーチをなくす側に立ち、法を成立させてほしい」

求められているのは、差別はいけないとお題目を唱えることではない。差別と闘い、なくす主体は、あなたたちマジョリティーの側にある。身を固め、耳を傾けている議員たちの心が動くのが分かった。私の心も動いた。その訴えは、報じる側にも向けられたものであるに違いなかった。

果たしてヘイトスピーチ解消法は2016年5月24日に成立、6月3日に施行され、荒涼の景色を一変させていく。

「また来てやる」の予告通り、ヘイトデモ主催者は第三弾を計画するも、福田紀彦川崎市長はもはや公園の使用を認めなかった。横浜地裁川崎支部も桜本でのデモを禁じる仮処分を出した。法の趣旨を踏まえた前例のない判断であった。

デモは場所を移して強行されたが、警察までもが態度を変えた。合法なデモの妨害者とみなしてきたカウンターを排除することはなかった。解消法に照らせば、抗議活動こそは奨励されるべき振る舞いにほかならなかった。取り囲まれたデモ隊は数m前進しただけで続行断念を余儀なくされ、野放しになってきたヘイトデモが初めて中止に追い込まれるという画期を迎えたのだった。

中立報道の記者から地域社会の当事者になる

私は書いた。

〈「デモは中止になりました」。県警警察官のアナウンスに、沿道は歓声と拍手に包まれた。5日、川崎市中原区で計画された「川崎発！　日本浄化デモ第三弾！」は出発直後に中止となった。行く手を阻んだのは、差別に反対する意思を示そうと集まった市民たち。県警も表明の場を確かに守った。ヘイトスピーチの根絶を訴え続けた在日コリアン3世、崔江以子さん(42)は「私たちは法で守られる存在だと示された」。示されたのはこの社会全体の意思なのだと思えて、涙がこぼれた〉

一人の当事者の訴えが市民をつなぎ、国を動かし、自治体を動かし、司法を動かし、警察を動かした。人権の勝利を高らかに謳いたかった。

ところが、たとえば共同通信社の配信記事はトーンが大きく異なっていた。

〈「ヘイト反対！」「帰れ！」。普段は静かな街が、飛び交う怒号で騒然となった〉〈現場には反対する側の数百人も集まり、一触即発の緊張感に包まれる中、デモの中止が決まった〉

怒号で騒然、一触即発？　差別主義者に向けられた「ヘイト反対」も「帰れ」も正当な要求だ。理がどちらにあるかは明らかな以上、そこに対立などない。守られるべき人間の尊厳が守られたのだ。これ以上、何を望むというのだろう。私には目の前の光景が平和的で美しいものとして映っていた。

共同電は両論併記で締めくくられていた。

〈一方、近くに住む男性会社員（45）は、様子を見て「ヘイトデモは許されないが、反対する人たちも冷静に対応できないのだろうか」と険しい表情。通り掛かった女性（78）は「ヘイトする側も反対する側も大声でいがみ合っていて怖い」と、おびえた様子だった〉

そうして眉をひそめ、だからといって何をするでもない傍観と冷笑こそが、公然の人権侵害を許し、被害者を生み出し続けてきたのではなかったのか。ヘイトデモ第二弾があった、あの1月31日、目に涙を浮かべてシャッターを切った塩山記者は言った。

「共同の記者は1月のデモの取材には来てなかったですよね。前回との違いが分からないから、『どっちもどっち』に見えたんじゃないですかね」

私たちは常にここにいる。この街に生き、地域社会を築く一人として、いる。悲嘆に触れ、どう受け止めるか。その違い。

打ち明ければ、私にも「どっちもどっち」がよぎった瞬間があった。川崎で初めて行なわれたヘイトデモの現場でカウンターが掲げた横断幕に目が留まった。

〈ヘイト豚死ね〉

この国でヘイトスピーチを先導してきた人種差別主義団体「在日特権を許さない市民の会」（在特会）の創設者で当時会長、桜井誠氏に向けられたものだった。

「さすがに『死ね』は言いすぎでは」とカウンターの一人に水を向けると、呆れ顔が返ってきた。

「あの連中はマイノリティーに対してマジョリティーの立場から死ね、殺せと言っている。こちらは日本人同士、対等な立場で罵り合っているに過ぎない。ひどい差別を批判せず、言葉遣いの善しあしを問題視するなんて、どうかしている」

編集者としてメディア業界に身を置くカウンターの男性はお見通しだった。問題をすり替えることで、私は見て見ぬふりがしたかったのだ。下手に触れば、差別主義者の連中に絡まれ、面倒なことになる。だから中立を装い、さらには「取り上げればかえって彼らの主張を広めることになる」「放っておけば誰にも相手にされず、いずれいなくなる」などともっともらしい理屈を並べ、書かない言い訳にしようとしていたのだ。正義は何か、守るべきものは何かに思い巡らすこともなく。

ふがいない、と思った。浮かんだのはヘイトスピーチの標的にされている桜本の人たちの顔々だった。「中立・公平」「公正」な報道が求められているという。ならば、不公平、不公正がまかり通っているとき、なすべきことは、まず不公平、不公正を正す報道ではないか。そう思い至ったとき、私は当事者になった。いや、当事者であったと気づかされた。

地元紙記者であったことの幸福をいま、思う。

人権を問う最前線はここにある

崔さんは常々言う。

「いつでもどこでも誰に対しても差別は許されない」

なぜなら、すべては地続きだからだ。

目を凝らせば、一部の特異な考えによる特異な行動に映るヘイトスピーチも、いまという時代の産物であることが浮かび上がってくる。ヘイトデモ第二弾のあった1月31日、出発前の公園で、参加者の一人は拡声器のマイクを手に絶叫していた。

「韓国、北朝鮮はわが国にとって敵国だ。国をあげてありもしないことで日本の悪口を言いまくっている。敵に対して、出て行け、死ねと言っても差別には当たらない」

差別を正当化する、加害と被害が逆転した被害者意識。唱道しているのは安倍首相、その人であろう。従軍慰安婦問題を巡る態度は、元慰安婦や韓国政府はありもしない責任をあげ、言いがかりをつけているという憎悪を社会に振りまいた。

なぜ桜本が狙われたのか。きっかけは戦争反対デモだった。安保関連法案の審議が大詰めを迎える中、地域の在日1世のハルモニ（おばあさん）たちが立ち上がった。日本の植民地支配の下、望まぬ戦争に巻き込まれ、差別によってより困難を強いられたハルモニたちは同じ思いを子や孫たちにさせたくないと声を上げたのだった。

川崎でヘイトデモを繰り返してきた主催者はいきり立った。住まわせてやってるのに国に盾突くなんて許せない。同じ通りでデモをして、ここは日本なんだと思い知らせてやる。過去の清算なきまま温存されてきたゆがんだ思い上がりが、「日本浄化デモ」を画策させた。

そして、ありもしない特権を許さないという「在特会」の存在が示す、誰かの権利を認めると自分の権利が奪われるという感覚。

権利を主張した途端、あるいは当たり前の権利を享受しているだけなのに、差別と排除の嵐が吹きつける荒涼の景色はいま、あまねく広がる。

貧困問題を取り上げたNHKの番組で苦しみを訴えた女子高校生が、バッシングを受ける。生活保護の担当職員が、「生活保護なめんな」と受給者を威圧するジャンパーを作り、おそろいで着ていたことも発覚した。福島から自主避難した小学生へのいじめもまた、被災者に向けられる「補償金で食っている怠け者」というまなざしに重なっている。

そして、19人が刺殺され26人が重軽傷を負った障害者施設虐殺事件。「障害者はいなくなればいいと思った」と供述した元職員は、現政権なら理解されると思ったか、大島理森衆院議長に宛てた「犯行予告」につづっていた。

〈障害者は不幸しか生み出さない〉

すべてはこの1年の間に、ここ神奈川で起きたことだ。

背景に浮かぶのは、国家にとって邪魔な者、足手まといになる者を切り捨てていく国家主義である。川崎市の老人ホームでは投げ落としが疑われる入所者の転落死が相次ぎ、やはり川崎市のドヤ街で11人が焼死した火災は放火が原因とされ、横浜市の病院では何者かが異物を混入した点滴で高齢の入院患者が中毒死している。これらの事件は、差別・排外主義と表裏をなす国家の論理が、生きるべき命と、そうではない命の選別が正当化された結果、実際に実行に移されたものだと言えまいか。

不穏な空気は世界とも響き合う。

２０１７年2月26日、在特会元会長、桜井氏を党首に戴く極右政治団体「日本第一党」の結党大会が開かれた。

「日本で生活保護をもらわなければ、きょうあすにも死んでしまうという在日がいるなら、遠慮なく死になさい」

２０１６年7月の東京都知事選で「ジャパンファースト」を掲げ、外国人の生活保護停止を第一の公約に11万４０００票を集めた桜井氏は誇らしげに「全世界のトレンドが自国第一主義」と言い切った。

「欧州もそうだし、米国でもトランプ大統領が敵対する外国人をたたき出している。日本でやって何が悪い」

会場は、南京大虐殺を否定する会長の自著を客室に置いていたことが明らかになったアパホテル。歴史修正主義と差別・排外主義、そして自国第一主義とが渾然一体となり、勢いづく。

桜井氏は野望を語った。

「まずは全国の地方議員から。いずれ国会で議席を取り、与党を目指す」

戦線は拡大しようとしている。地方紙の出番である。

私は確信する。マイノリティーを攻撃するヘイトスピーチが地域社会にくさびを打ち込み、社会全体を侵食し、世界を分断するのなら、この街の一人を守ることは地域を守り、社会を守り、世界をも変えることになる。

わが街が守られてなお、桜本の人たちは人種差別を禁じる条例づくりを市や市議会に求め、奔走を続ける。それが法の不備を補い、すべての人を守ることになると信じるからだ。桜本が勝ち取った勝利を希望の灯火に、条例制定の動きは札幌市、名古屋市、京都府・市、渋谷区といった自治体に広がろうとしている。

抗いの最前線はなお川崎にある。

あの日、大島3丁目交差点に響いた生きることを諦めなかった母子の叫び――。

書くことで守っていく。

（いしばし がく）

《安全保障》

「ポスト真実」の時代のネット報道を構築　沖縄の米軍基地問題への誤解・デマを解く

沖縄タイムス社　デジタル部部長　平良秀明

「科学的根拠がない」と言われても地元紙が書くべきものは書く

「そんな科学的根拠のない記事を載せるのですか?」……。2016年の米海兵隊所属オスプレイの墜落事故から満1か月を前に、オスプレイのまとめ記事をホームページにアップするよう部下に指示したところ、こんな問いが返ってきた。

科学的根拠のない記事とは、「ストレスか……胃に穴が開き子牛死ぬ　沖縄・宜野座村」(2016年12月27日公開)。オスプレイのヘリパッド(ヘリコプターが離着陸する場所)から200mの至近距離にある牛舎の子牛が、ストレスで胃に穴が開いて死に、「オスプレイが原因では?」という畜産農家の訴えを記事にしたものだ。すると、「何でもオスプレイのせいか」「それでも新聞か」などという批判が、ネットに次々と書き込まれた。件《くだん》の部下も、それらの批判を受けて、まとめ記事への再掲をためらっていたのだ。

しかし、よくよく考えてみると、科学的根拠を求めること自体がおかしいことに気がつくはずだ。住民の頭の上、民間地の上空でオスプレイが訓練しているのは、世界中どこを探しても沖縄ぐらいであろう。米国・ハワイでは、事前調査の結果を踏まえ、遺跡の保存や希少生物の生息環境破壊に対する住民の懸念に配慮して、オスプレイの訓練を中止している。少し長いが、２０１２年の本紙記事を紹介する。

オスプレイ、ハワイ2空港での訓練計画中止
遺跡や野生生物に配慮

米ハワイ州への垂直離着陸輸送機ＭＶ22オスプレイ配備計画で、米軍が同機によって引き起こされる下降気流が遺跡保存に悪影響を及ぼすことや地元住民の反対、希少生物の生息環境破壊への懸念に配慮し、２つの空港での訓練計画を取り下げていたことが12日、分かった。米軍が、オスプレイの運用が自然環境に与える影響を部分的にでも認め、訓練計画を中止したのは、初めてとみられる。

ハワイでは２０１８年までにオスプレイ24機がカネオヘベイ基地に配備され、州のほぼ全域で訓練が計画されている。

訓練が中止されたのは、いずれも同州管理のモロカイ島にあるカラウパパ空港とハワイ島にあるウポル空港。

環境影響評価（アセスメント）最終報告書を受けて作成された米軍の決定記録文書には、「ＭＶ22は現存するどの航空機よりも回転翼からの下降気流が大きい」と指摘し、「考古学的な資源への潜在的な影響を懸念し、ＭＶ22のカラウパパ空港での訓練を取り除く」と明記している。

また、海兵隊とハワイ州歴史的遺産の保存に関する諮問委員会との間で交わされた計画合意書には、ハワイ王国の初代国王・カメハメハ１世の生誕地が１・６㎞西にあるウポル空港について、機体の異常や天候不良など「緊急時の着陸以外は空港の使用を制限する」ことが定められた。

米軍はアセス準備書で、オスプレイによる制限地着陸訓練をカラウパパ空港６８４回、ウポル空港では２２８回計画を提案。

２つの空港周辺は、ハワイモンクアザラシや、ザトウクジラ、アオウミガメなど野生生物の生息域であるため、６月にまとめられたアセス最終報告書には、環境への影響を懸念する意見が記載された。

また、ウポル空港周辺の住民からは住宅地上空の飛行や夜間の騒音への不安、観光や農業への悪影響、さらに訓練が激しくなることに伴う不動産価格

下落を恐れる声や、生活の質が守れなくなるという訴えも寄せられていた。(2012年8月13日)

この差はなんだろう。本紙の取材に対し、米軍は1987年の時点で、沖縄へのオスプレイ配備を明言していた。にもかかわらず、それをひた隠しにしてきた政府と沖縄防衛局は、オスプレイを環境影響評価(アセスメント)の対象機種とせず、騒音などの調査を実施してこなかった。

子牛のケースは本来、オスプレイ配備の前に、国が責任を持って影響を調べておくべきものだ。それをせずに強行配備による訓練で被害を受けた飼い主の訴えを取材した記者が、オスプレイの影響という科学的根拠を示さないと批判されるというのは、本末転倒と言うしかない。この事実を地元紙が書かなければ、誰が書くのだ。

このように環境アセスメントひとつとっても、沖縄の基地問題は複雑だ。そして、過去の長いいきさつがある。それを断片的な情報や薄い知識しかない本土の人に、分かりやすくていねいに説明するのは、非常に難しい仕事だ。

一方、沖縄県民の意に反して、オスプレイを配備したいと考える人びとは、「全頭死なきゃおかしい」「因果関係の証明頑張って(笑)」などと、一見まともそうな理屈を返したり、茶化したりすることで、論点をすり替える。そして、事実かどうかの検証もされないまま、彼らが見たいことだけ、信じたいことだけがネット上で拡散されていく。沖縄では文化財や野生生物でなく、人間が暮らす家の真上を飛んでいるのに、である。

「嘘ニュース」が本当になる時代を打開するために

「Post Truth(ポスト・トゥルース)」。オックスフォード英語辞典が、2016年を表わす単語として選んだ言葉だ。日本では「ポスト真実」と訳され、「客観的な事実よりも、感情や個人的信条にアピールしたほうが世論を形成する際に影響力があるような状況」を指す。「嘘ニュース」が投票に影響を与えたとされるEU離脱をめぐるイギリス国民投票やアメリカ大統領選挙などは、まさしくポスト真実の政治といえるだろう。

具体的な話合いも相互理解を得ようとする時間も機会もないまま、日米両政府に「辺野古が唯一の解決策」と押し付けられる在沖米軍の基地問題も、「ポスト真実」の状況にある。

沖縄タイムスはそれを打開すべく、インターネットを積極的に活用して、在沖米軍基地問題を県内外に発信してきたつもりだった。ページビュー（PV、閲覧数）も年々増加してきたが、沖縄の真実や事実が正しく伝わっているかについては、懸念があると言わざるをえない。むしろ逆効果で、沖縄への無理解を助長し、反発と嫌悪につながってはいないか。記事を単純にネットに流すだけでは、あまりにも無防備で無策ではないかという危機感を持っている。

新聞業界は現在、厳しい状況にある。新聞購読者が減り続ける中で、インターネットでの無料閲読、とりわけスマートフォンへのシフトは止めようのない流れだろう。しかし、PVや売り上げだけを見るのは危険だ。「ポスト真実」の時代に、ネット報道はどうあるべきか。沖縄タイムスのこれまでのデジタル事業を振り返りながら考察する。

基地問題を本土に発信するデジタル事業

沖縄タイムスが公式ホームページを開設したのは1996年5月。前年9月に米兵による少女暴行事件が起き、日米地位協定改定をはじめとする基地問題について、本土側の理解を広めたいとの期待も込めてのスタートだった。

1998年3月には記事データベースを開設。1999年からはガラケー（従来型携帯電話）へのニュース配信を始めた。安価なモバイル端末で時と場所を選ばず記事が読めるようになったのは、このころからだ。大多数の読者は、「受け手」としてニュースを見聞きしていた時代だ。

2008年に、米アップル社からiPhoneが発売された。以後、スマートフォンの普及が、メディアのあり方を大きく変えていくことになる。

沖縄タイムスは、2008年から、「YouTube」で台風などのニュース動画を配信。自社ホームページでも、生活習慣病対策（料理、運動）の動画コンテンツを制作・配信した。東奥日報社（青森県）がガラケーでQRコードを読み取り、動画や音声につなげる企画「動く新聞　聞こえる新聞」で、2007年の新聞協会賞を受賞したこともあり、各紙がこぞってビデオカメラを取材現場に持ち込むようになった。筆者がデジタル事業に本格的にかかわるのは、この年からだ。

さらに沖縄タイムスは2009年3月、芸能面などを朝刊に統合し、夕刊を廃止した。100年に一度と言われた「リーマンショック」(2008年)による経済環境の悪化などを理由に、夕刊で報じていた分は、ネットによる速報体制を強化し、カバーすることになった。

翌2010年、編集局内に「ウェブ編集班」を新設した。筆者を含む計3人で、ホームページ更新や動画配信などを行なった。そして、日本でも流行しはじめたツイッターを3月から、フェイスブックを12月から導入した。2011年には、編集局からシステム局へと組織を移し、データベースと著作権も一体的に管理することになった。

そして沖縄タイムスのデジタル事業が大きく動いたのが2012年だった。国内最大のポータルサイト「ヤフー」へのニュース配信をスタートし、メジャーの舞台に参加することになった。また、全社員に携帯電話とタブレット端末を貸与した。いつでもどこでもネットに接続でき、記者以外の社員も写真や動画を撮り、情報共有を密にできる環境を整えた。さらに、現在の那覇市久茂地への社屋移転を機に、新聞制作システムを一新した。デジタル営業担当を初めて置いたのも、この年だった。

翌2013年は、外部からエンジニアを中途採用し、電子新聞発刊に向けた動きを一気に加速させた。わずか半年で共同通信の会員管理課金システムを導入し、パソコンやスマホの画面で紙面が読めるビューワーを備えた電子新聞を発刊した。ホームページも「沖縄タイムス＋プラス」として刷新した。新聞以外の機能やコンテンツなど付加価値をつけることで、新しいライフスタイルを提案するという意味を込めた。

紙面では表現できない記事が生まれてきた

2014年には、編集局から記者職2人を増員した。社会部出身記者が記事を量産し、整理部出身記者がよりインターネットに合った見出しや関連記事の配置などの研究を続けてきた。

紙幅の制限で書けなかった記事も出てくるようにな

った。デジタルコンテンツ「具志頭村　空白の沖縄戦」（2014年）、「沖縄戦デジタルアーカイブ　戦世からぬ伝言」（2015年）は、沖縄戦戦没者の足跡を時系列で地図に落とし込み、その足跡を追体験するというウェブでしか作れないリッチコンテンツで、数々の賞をいただいた。

企画が当たると、部員に次々とアイデアがわき、外部からも提携を持ちかけられるようになった。沖縄タイムスの子ども新聞のキャラクター「ワラビー」と社会面の4コマ漫画「おばぁタイムス」をLINEスタンプにして販売したところ、予想を超える大ヒットとなった。

他社との連携では、国内有数のキュレーションアプリ「スマートニュース」（2015年5月）、米軍基地と原発といった「国策」を共通項に福井新聞と運営するニュースサイト「フクナワ」（2015年9月）、若者に人気のアプリ「LINEニュース」（2016年3月）と「グノシー」（2016年11月）に記事を配信し、全国の読者に届けている。また、地元の格安スマホ通信事業者と組んで、電子新聞とタブレットのセット販売を2016年9月に開始。これは地方紙としては初の取組みとなった。

常に時代に合わせた記事の出し方を研究してきた結果、初めてヤフーに記事を出した2012年を「1」とした場合、沖縄タイムスのPVは、2014年に2倍、2015年に3倍強、2016年には5倍強にまで伸びた。県知事選など本土でも関心が高い記事にアクセスが殺到し、サーバがダウンすることが頻繁に起こるようになった。PVの伸びが業務に支障をきたすことが多くなり、2016年にサーバを含む記事管理システムと電子新聞ビューワーを刷新、スマホアプリのサービスも始めた。連動して電子新聞の有料会員費、配信広告、記事配信料などの売り上げも伸びを見せている。

デジタル事業は、変化の波にもまれながらも、一定の成果を残してきた。ただ、それは目に見える数字の部分でしかない。ホームページを創設した1996年、沖縄の実情を全国に理解してもらうことも目標の一つだったが、それは果たせているのか検証したい。

ネット配信で生まれた誤解やデマ

在沖米軍基地問題について、全国紙だけではなく、歴史と生活に根差した地元紙の記事も読んでもらうことにはとても意義があると考える。基地関係の記事は、ヤフーをはじめ、スマートニュースやフェイスブック、ツイッターなどで、積極的に広く発信するようにしている。

ＰＶを伸ばすのに、最も効果があるのは「ヤフートピックス」に載ることである。ネットメディア界で「ヤフー砲」と呼ばれるように、社によってはサーバがダウンするほどのアクセスをもたらすなど、ヤフーの拡散力はすさまじいものがある。

前項で書いたように、２０１２年以降は、ヤフーから沖縄タイムスのサイトへの流入もあり、ＰＶの総数は確かに伸びた。しかし大事なのは、記事の受け止められ方、読まれ方である。

ネットに公開した記事についたコメントには、われわれはできるだけ目を通すようにしている。どういう記事が読まれるか傾向を探ったり、反応が悪い記事は見出しや関連記事を差し替えたりするためだ。特ダネや続報につながる情報が書き込まれることもあるので、大事な業務の一つと位置付けている。

ツイッターやフェイスブックへのコメントは、記事に対する賛否や、理解し応援する人と非難する人の割合は、だいたい半々というのが実感だ。一方で、ヤフーのコメント欄は、見当違いの非難や誹謗中傷などネガティブな書き込みが圧倒的に多い。記事を最後まで読まずに、見出しだけに反応して罵倒してくる例も少なくない。

パターンはいくつかある。

米軍基地がなくなったら、沖縄は中国に侵略される。

沖縄の市民運動には、日当が支払われている。

沖縄タイムスは、中国共産党の機関紙。

政府に反対するのは、日本の新聞ではない。

これらはもちろん明確な誤り、デマなのだが、匿名の書き込みだからと無視しているうちに、現実がそこに近づいていくようになってきた。公人やテレビタレントらも、ネットと同レベルのことを言い出しはじめたのだ。

翁長雄志氏が沖縄県知事に就任して約半年後の２０１５年６月、「百田発言」が飛び出す。作家の百田尚樹氏が自民党本部の勉強会で、「沖縄の二つの新聞はつぶしたほうがいい」「普天間飛行場は、もともと田んぼの中にあった」などと発言したことで、沖縄県民が猛反発した。一連の報道は連日、ホームページにアップし、この月のPVは過去最高を記録した。ただし、それは必ずしも、沖縄側の訴えに耳を傾けよう、事実を知りたいというものではなく、百田氏を擁護し、沖縄の意見を否定するための閲覧も少なくなかった。

この月以降、タイムスのPVは安定した伸びを続けていくことになる。しかし一方で、嫌中、嫌韓などと並んで「嫌沖」という言葉が生まれるなど、理解とは真逆の現象も生まれつつあった。

「誤解だらけの沖縄基地」で真実を伝える

百田発言をはじめとする誤解が広がる状況を受けて、本紙編集局が2016年の新企画として取り組んだのが、連載「誤解だらけの沖縄基地」だった。

ネット上などで流れる沖縄の基地に関するデマを、当事者や識者からていねいに取材して、一つひとつ打ち消していくという労作で、ネットでの言説は本当かという問いをテーマごとに立てて、それに答えていくというスタイルをとった。海兵隊についての誤解が多いことが分かるのだが、主な回を紹介したい。

■「中国が近海進出　どう対抗するのか?」

中国の艦船や航空機の監視・警戒は、一義的に海上保安庁と海上・航空の両自衛隊の役割だ。在沖米軍でいうと、海兵隊の普天間飛行場ではなく、主に空軍嘉手納基地の電子偵察機や対潜哨戒機などが任に当たる。

現時点で県民の大半が求めているのは、海兵隊の一基地である普天間飛行場の撤去であり、中国に対処する組織の撤去運動が広がっているわけではない。（1月10日）

■「普天間飛行場がなければ尖閣は取られるのか?」

海保関係者は、「普天間飛行場の部隊が監視・警戒しているとは考えづらい」と説明した。

在日海兵隊トップのウィスラー司令官（当時）は、敵の部隊が島に上陸した場合でも、海と空からの攻撃だけで排除できると説明。尖閣奪還のシナリオに、海兵隊が必ずしも含まれているわけではないことをうかがわせた。（1月11日）

■「沖縄は地理的に重要だから海兵隊を置くのか?」

ジョセフ・ナイ元米国防次官補は、「中国の弾道ミサイルの開発で、沖縄の基地の脆弱性は増している」と、嘉手納基地や普天間飛行場の機能が無力化する事態を警戒する。

軍事ジャーナリストの屋良朝博氏は、「(米軍は)大規模紛争が起きれば10万人以上の兵力を投入する。沖縄に残る数千人に過ぎない海兵遠征部隊を、他国が抑止力と見なすかどうか」と語っている。(1月12日)

■「普天間飛行場はもともと危険が大きかった?」

1968年の段階で、米国防総省は普天間飛行場の閉鎖を検討していたが、1969年に厚木基地のヘリを普天間に移設する計画に修正。F4戦闘機が九州大学校内に墜落するなど(1968年)、本土で反基地感情が高まっていたことが背景に重なる。(2月8日)

■「海兵隊撤退で沖縄は南沙諸島のような状態に?」

軍事ジャーナリストの田岡俊次氏は、「2014年の安倍・習会談で、尖閣は事実上の現状維持で合意しており、侵攻することはあり得ない」と語っている。

在沖海兵隊の戦闘部隊は2000人だけで、戦車もゼロ。戦争できる兵力ではない。田岡氏は、「政府が辺野古への新基地建設の正当性を持たせたいためだ。マスコミも政府関係者も基本的知識がなさすぎる」と嘆いた。(2月21日)

■「辺野古反対運動は日当制?」

那覇市から出るバス賃の1000円、弁当代350円はすべて自己負担。現場で連日指揮を執る反対運動の中心メンバーには、「行動費」として月1万円とガソリン代がヘリ基地反対協から支給されるが、連絡のための携帯電話代に消えてしまう程度の額だ。年金生活者の75歳の女性は、「実際に来てみれば分かるのに」と語っている。(3月21日)

■「反対運動の資金源は中国?」

国境を越えるお金の移動には、マネーロンダリング(資金洗浄)でないことの証明が必要で、海外からの寄付は欧州在住の日本人女性からの数万円の寄付が唯一。辺野古基金は、税理士に監査してもらい、決算はネット上で公開している。中国からの援助について、辺野古基金は、「事実じゃないことを言われても、言い返しようがない」と語る。(3月22日)

■「辺野古賛成の民意を示した沖縄の選挙はあるか?」

日米が現行のV字形滑走路案で合意した2006年から10年間、「政府案容認」を掲げて沖縄で当選した知事、関係市長、国会議員は1人もいない。明確に容認・推進を掲げて出馬すると落選するから選挙では争点を隠すのだ。(4月4日)

■「沖縄は他県より予算もらいすぎているの?」

２０１１年度の公的支出額は全国27位。１人当たりの公的支出額は18位。公的依存度は４位。国庫支出金と地方交付税の合計は14位、１人当たりだと全国６位。基地があるからもらいすぎとは言えない。（５月20日）

分かりやすく伝え、しつこく追及

この連載で、世の中が大きく変わったかといえば、残念ながらそんなことはない。安倍政権が辺野古や高江で基地建設を強行しているように、沖縄を取り巻く環境は相変わらず厳しい。

沖縄では米軍絡みのニュースが毎日のようにある。新基地の建設だけでなく、航空機の騒音やオイル流出などの環境汚染、若い米兵らによる飲酒運転・傷害事件・暴行事件、基地内でカーニバルがあったり、基地返還跡地から不発弾がごっそり出てきたり、新たな歴史の事実が掘り起こされることもある。

前項で「嫌沖」に触れたが、最近ある傾向に気づいた。生活習慣病や飲酒の悪癖、成人式での振る舞い、少年の非行など、沖縄県民の悪い点を取り上げた記事がよく読まれるのだ。コメントは、「米軍を非難する資格はない」「民度が低い」「日本人じゃない」といった具合だ。

民度の低い沖縄県民の記事を読むと、米軍基地負担を押し付けている罪悪感が薄れるのだろうかとも想像してみるが、それを確認するすべはない。だからと言って、沖縄の記者として、この状況を放置すべきとは思わない。

沖縄県民の多くが新基地建設に反対していることは本土に伝わっているが、なぜ反対しているかは伝わっていないのではないか。単なるわがまま、ごね得と思われてはいないか。戦後70年も米軍と隣り合わせに生きてきた沖縄県民と他県の人たちとでは、いろいろな点で米軍に対する認識の違いがあるのはしょうがない。その本土との違いを埋めるために分かりやすく真実を伝える作業、そして「ポスト真実」がまかり通らないような厳しいチェックとしつこい追及を続けること。これこそが、沖縄の報道機関、とりわけネットメディアの仕事ではないかと考えている。

（たいら ひであき）

《震災復興》

東北から「違和感」を発信する

デーリー東北新聞社　文化部長　川口桂子

全編南部弁による連載小説
「地方」と「中央」との関係を考える

〈みなしてその小屋ば「ツリーハウス」って呼ばってらった。ハッ、なぁにがツリーハウスだばなんだば、洋風ば気取ってしょっすぅごど。な。〉

これは、ある小説の一節。せりふの文ではない。地の文である。すんなり読める人はどのくらいいるだろうか。

2015年早春、デーリー東北紙上に、全編南部弁による短編小説「訛《なま》った神様～空飛ぶ鉄犬《てっけん》」が5回にわたって掲載された。南部弁とは、青森県南地方から岩手県北部で話されている方言である。冒頭のように濁音もそのまま、つっかかりながら読む方言オンパレードの小説を執筆したのは、地元・青森県八戸市出身の作家木村友祐氏（東京都在住）だ。

小説は東日本大震災後、復興がなかなか進まない中で、国から切り捨てられていく東北人の悔しさと、東京五輪に向けて加速する東京一極集中への批判を重ねながら、人びとのつながりを描いた物語である。

文字にすると読みづらい方言であえて書いたこの小説を、なぜ紙面で紹介、ホームページにもアップして全国発信することになったのか。それにはいくつかの理由があったが、何よりも「地方」と「中央」との関係を常に考えざるを得ないという点で、作家の問題意識と本紙の報じ続けるテーマが重なったことが大きい。

東北を見捨てる国への怒り

強い想《おも》いとメッセージを込めた短編は、2015年に創刊70周年を迎えた本紙のテレビCM用に書き下ろされた映像作品の原作である。震災と東北のことを書いているが、テーマについてデーリー東北があらかじめ作家に指定していたわけではない。最初に固まっていたのは、「デーリー東北は地域の表現者を応援します」というCMで流すキャッチコピーのみ。地元ゆかりの作家に自由に書いてもらう趣旨だった。CM制作を担当した、八戸市出身で映像会社のディレクターである小寺等之《ひとし》氏がこのコピーを考案し、木村氏に白羽の矢を立てて2014年夏に執筆を打診したところから進んだ。

小説の主人公は、こわもてで奔放だが繊細さも併せ持ち、周りから「親方」と呼ばれている情に厚い50歳すぎの男。八戸市郊外の森の中でカフェを営みながら、オブジェ工房で創作活動に励むアーティストだ。その親方が、ある理由から「東北復興祈念アートコンペ」に、1枚の鉄板で作った高さ6mもの犬形のオブジェ「鉄犬」を出品しようというストーリーで展開していく。材料の鉄板は、津波をかぶって錆だらけになっていたもの。でき上がった「鉄犬」に網をかぶせて〝空飛ぶマント〟に仕立て、荒れた海の底から飛び立つ姿を、東北人の不屈さに重ねて表現している。

親方は、工房の隅に、東京での五輪開催が決まったことを報じる2013年9月の紙面をずっと張っている。写真の中で、首相も都知事も両手を上げて大喜びしている場面だ。

〈親方にとってぁ、この瞬間は、東北が東京がら、国がら捨てられだ瞬間だった。なぁして本気で、国挙げで、傷ついだ人だぢさ心ば注がねぇ。なぁしていづまでも、東京だげが栄えればいいって考え方ば改めねぇ。〉

心の中でこう叫ぶ親方が新聞を張っているのは、その悔しさを忘れないためで、コンペに参加した理由の一つは国への「怒り」でもあった。

尋常ならざる熱量と強度を内包

当初、CMの原作を紙面に掲載する予定はなく、ホームページに載せて読んでもらう方向だった。しかし、それだけではもったいない、やはり新聞社として本紙で掲載したいと考え、２０１５年1月のＣＭ放送開始に合わせて作業を進めることになる。

ただし、紙面掲載を前に社内では議論もあった。出来上がった原稿を読んだ関係部局の全員は、語り手が訛っているという全編南部弁によるしゃべり言葉の小説に驚愕《きょうがく》する。南部弁で書くのは分かっていたが、せりふだけでなく地の文まで全てというのはあまり例がない。しかも地元でも、今の若い世代はほとんど使わない、70歳代以上が中心に話している方言だったからである。地元紙の者とはいえ、正直、その試みに度肝を抜かれた。

「音読ならいいかもしれないが、紙面だととても読みづらい」「読者に伝わらないのでは?」など、不安視する意見も上がった。しかし、ストーリーに引き付ける力があり、主題も時宜を得ている。何より、作品が内包する熱量と強度は尋常ならざるものがあった。

最終的に「震災と東北人、地方と中央のことが描かれ、内容が胸を打つ。紙面で連載する価値がある」と判断した。一般受けしないかもしれないが、地元紙しかできない、やらない試みだからこそ挑戦しようと、特集面を設けて載せることになった。

ちなみに当時、デーリー東北は創刊70周年を機に、社内で「ブランディング会議」を重ね、大胆な紙面改編に取り組んでいた。キャッチフレーズは「変わる覚悟。変わらない想い。」――。地方紙であることに徹底しようという社内の空気が、この小説の掲載を決めたのかもしれない。

連載は２０１５年2月にスタートし、震災4年の節目に当たる3月まで続いた。読者の反応は、全編方言に賛否が大きく分かれたことも記しておく。最も多かった意見が「読みづらい」というもの。「方言が強調され過ぎているのでは」と、抵抗感を示す声も聞かれた。その一方で、「方言でないと東北人の心情は伝わらない。自分たちの声を代弁してくれるような内容だ」「方言だから主人公に自然と感情移入できる」との声も寄せられた。

読みづらいのに不思議と共感する――。こうした反応には、当時の状況も反映されている。

オリンピックに向かう熱気の中でかき消されていく被災者の声

木村氏が「空飛ぶ鉄犬」を書いたのは、2014年秋。震災から3年半たった頃である。行方不明者の捜索がまだまだ続いていたのはもちろん、津波で家を失ったり、原発事故で帰還できなかったりし、避難生活を送る被災者はおよそ24万6000人にも上っていた。その一方で、前年9月には五輪の東京開催が決定し、東京は歓迎ムードに沸く。被災地の復興工事が、建設資材や重機、人手、財源などの不足から、遅遅として進まない中でのことである。東京と東北の明暗が浮かび上がった時期でもあった。

青森県内では、木村氏の実家のある八戸市市川地区が最も大きな被害を受けた。沿岸にある多数の民家が被災し、船溜《だ》まりも損壊。地元漁協所属の船の約8割が流失し、大半の漁業者は廃業を余儀なくされた。主力産業であるイチゴ栽培農家も津波をかぶり、深刻な痛手を負った。

さらに、東京電力福島第1原発事故の検証が済んでいないにもかかわらず、国内では原発を再稼働させようとの動きが出てくる。

小説中盤に、五輪開催の決定に親方が怒って叫ぶ場面があるが、これは作者の木村氏自身の叫びである。生活を立て直せずに途方に暮れる被災者が何万人とい る東北の復興よりも、この国の政治家と経済界は、オリンピックで東京にお金が下りる経済の仕組みを結託して進める――。木村氏の目にはそう映った。

後の本紙インタビューで木村氏は「震災の痛みをわがこととして受け止めたら、復興のための資材も職人も奪い合うことが予想される東京オリンピックは誘致しなかったはず。このとき、不信感が決定的に刻まれた。短編には、自分の中からどうしても噴き出てきた怒りが反映されている」と語っている。

本紙も震災後から、「被災地はいま 東日本大震災」などの大型連載をはじめ、被災地リポートを続けてきた中で、東北と首都圏との間に生じた「違和感」を捉えるようになっていた。実際、地元では、東京五輪の開催決定が報じられた瞬間、複雑な思いが交錯した。「ああ、これでもう東北の復興は完全に遅れるな」「今は選ばれないほうが良かったのに……」との声が多く聞かれたのである。

もちろん、東北の人びとは、東京の足を引っ張りたいわけではない。歓迎ムードに水を差すつもりもない。それでも手放しで一緒に喜べない。首都に活気がなければ、日本全体も元気を失いかねないことは理解している。ただ、切なさとやり切れなさに包まれたのである。国はオリンピック盛り上げにかじを切っていくであろう、建設資材も予算も、首都・東京に優先的に回り、そして、被災地のことは、どんどん忘れられていくだろうという寂しさである。

震災は、長年にわたる東京と東北、国と地方の構造的な問題も露呈させたはずだった。食料と電気、労働力を首都圏に提供し続ける東北が有事となれば、首都圏も機能不全に陥る。震災は、その「歪《ゆが》み」を見直し、国全体の構造的な立て直しを図る〝転機〟になるだろう――。被災地の地方紙は、現地から訴え続けていた。

しかし、日本社会では時間とともに、被災地に対する忘却と風化が急速に進んでいく。歪みは変わることなく、被災者の声は東京オリンピックに向かう熱気の中でかき消されていく。

この強烈な「違和感」を浮かび上がらせた震災は、取材記者たちに東北と東京の関係を問い直させ、また、東北出身の木村氏にとっても、作家としての自分に一層東北を意識させる節目になった。忘れられた者たちに寄り添って書く――。取材と創作のそれぞれの軸となっていった。

方言で書く小説を応援

「地方とは何か」――。地元作家の小説を基に、読者も巻き込んで東北というものを改めて考える企画ができないか――。「空飛ぶ鉄犬」に対する読者の反応については木村氏にも率直に伝えつつ、続編を執筆してほしいと依頼した。以前から「日本語といっても話し言葉は一つじゃない。なぜ小説を方言でやっては駄目なのか。自分は言葉の多様性を探してみたい」とのこだわりを持つ氏の挑戦を取材し続け、応援する意味でもあった。

続編の題名は「クロマヅだぢ」。「訛った神様」シリーズ第二弾で、やはり、震災後をテーマにした小さな浜の老漁業者の物語だ。2015年冬の掲載を前に、木村氏は「(シリーズで)国の政策が決まる東京からずうっと離れた場所で暮らす、決して東京(中央)に声が届くことのない人びとの、今の姿を浮き彫りにしたい」との言葉を本紙に寄せている。

シリーズ二つの短編は、デーリー東北のホームページに載せているので、ぜひ一度開いて読んでみてほしい。また、せっかくの機会なので「空飛ぶ鉄犬」の〝裏ストーリー〟も紹介しておこう。小説の主人公「親方」のモデルは、木村氏の実兄で八戸市在住のオブジェ作家・木村勝一《かついち》氏である。CMにも出演して主役を務めた。「鉄犬」のオブジェも実在し、親方と一緒に登場している。CMは、原作者とディレクターが同市出身、出演者も全員南部地方の人びとという地元色あふれる小さな映画のような作品に仕上がっている。この動画もホームページにアップしているので、ご覧いただきたい。

権力との「距離感」ある位置

特有の風土が生み出した「叫び」

ここで、デーリー東北が取材エリアとする地域の事情とともに、本紙が地方紙の中でも特異な存在であることについても述べてみたい。

本社を構える八戸市は、青森県の太平洋側に位置する。取材エリアが青森県の東側半分と岩手県北で、県境をまたいでいるのも大きな特徴だ。中世以来の歴史的なつながりが深く、八戸市を中心とした一帯は「南部地方」と称され、一つの文化・経済圏を形成してきた。南部弁という方言も共有し、同じ青森県内の「津軽地方」とは、言葉も気質もだいぶ異なる。

この沿岸一帯と周辺は、夏に「やませ」と呼ばれる冷たい風が吹く厳しい気候故に、国の奨励するコメ作りには古来から適さない土地だった。そこには同時に、長い歴史の間で、常に中央以西の〝物差し〟に合わせられてきた悲哀もある。

木村氏が震災直後に書き、三島由紀夫賞候補にもなった小説「イサの氾濫」に、こんな一節がある。

〈東北人は、無言の民せ。蝦夷《えみし》征伐で負げで、ヤマトの植民地《しょぐみんち》さなって。もどもど米づくりさ適《てぎ》さねぇ土地《とち》なのさ、稲作ば主体どずる西の社会ど同じように、米、ムリクリつぐるごどになって。そのせいで人は大勢飢え死にするし、いづまでたっても貧しさに苦しめられでな〉

八戸生まれで東京に暮らす主人公の青年に、地元の古老が話を聞かせる場面だ。小説で、震災後も我慢し続ける東北人の姿を古代蝦夷に重ね合わせ、悔しさを「叫べ」と訴えている。

国策に翻弄されてきた苦い歴史

過酷な風土の中で人びとは耐え、生きるために工夫し、地域で結束してきた。こうした特有の風土が、木村氏のような作家を生んだと言えるかもしれない。この地域は、現代に入ると、地場産業の振興と人口定住を最大の課題としてきたが、働く場の少なさと収入の不安定さから、人口は流出し続ける。政府の援助に頼り、国策を受け入れざるを得ない現実とも向き合うことになる。

本紙エリア内の青森県下北半島は、「原子力半島」とも言われ、巨大開発と原子力施設の立地を巡り、国策に翻弄《ほんろう》され続けてきた苦い歴史がある。さらに、三沢市には戦後と同時に進駐した米軍三沢基地が置かれ、時代によって目まぐるしく変容する日米関係、安全保障政策が、まちの行方を左右してきた。良くも悪くも、常に中央の動きを意識し、国への依存と反発を実感させられる地域だったのである。

それを象徴するのが、日本のエネルギー政策を担う青森県内の原発と六ケ所村にある核燃料サイクル施設だ。

ここから見えてくるのは、東北の抱える問題は「中央と地方」という関係性の縮図だということである。

本来、原発や「核のゴミ」を含むエネルギー問題は、国全体に関わることである。だが、電力の大消費地である「中央」への原発建設は避けられ、仕方なく「地方」が受け入れてきた。原子力施設でひとたびトラブルが起これば重大事故につながりかねず、農林水産物にも風評被害が及ぶ。こうした施設と隣り合わせで日々暮らすこの地域の人びとは、これらの問題にはいや応なく敏感になり、考えてきた。他方、身近に施設を抱えていない首都圏で生活していれば、無関心な人がいるのも致し方なかろう。

さすがに震災後は、首都圏の人びとも自身の問題として考えるだろうと期待した。実際、原子力政策を見直す国の議論が進んではいた。しかし、活発化するように見えたものの、原発の賛否に終始し、核燃料サイクルと核のゴミの問題を議論に上げるまでには至らず、無関心が浮き彫りになった。誰もが使う電力消費で生じる後片付けの部分は地方に押し付け、結局、〝人ごと〟とされたままである。

忍従だけの姿勢から意見主張へ

特殊な事情を抱える地域で、本紙は「中央と地方」

を取材テーマの柱に据えてきた。そこには、本社の地理的な位置も関係する。八戸市は県庁所在地ではない。取材の本拠地が首都から遠く離れているうえ、県都からも離れている。いわば、国政、県政を決定する「権力」の中枢と距離がある格好だ。この「距離感」が、取材のうえで全国紙や県紙とは別の視点を持つようになった本紙の大きな持ち味でもある。東日本大震災を機に、より強く意識するようになる。

本紙は、日本の原子力政策を根本から問いただすため、震災後に連載「転機の原子力　3・11後の青森」をスタートさせた。2011年12月から2014年3月までの2年余りにわたり、12部構成で展開した。国が原子力政策の要としている核燃料サイクルがいかに不安定か、たまり続ける「核のゴミ」、使用済み核燃料をどうするのか、最終処分場はどのような道筋で決めるのか――。同時に、地域も「原子力マネー」に依存してきた体質を見直す時期である、とも提起した。

東日本大震災という未曾有の災害を経ても、さらには国全体に関わる課題を背負い続けても、東北人は再び、以前と同じように耐え続け、口を閉ざしていくのだろうか。復興が遅れ、先行きの見えない被災者たちは疲弊し、一層口が重くなっている。だからこそ地方紙は、今まで以上にその声を代弁していく必要がある。

忍耐は東北人の徳であり、力でもある。しかし、その忍従だけでは、首都圏の人びとの意識を喚起させられないのではないか。すがるように国の政策を受け入れた結果として振り回され、耐え続けてきた地方の姿勢も問われる。意見を出して主張していかなければ、問題を全員で共有する議論に広げていくことはできず、国の構造も変わっていかない。今回の震災とともに大きな教訓として残された。

地元・八戸が輩出した作家木村友祐氏は、文学という表現ジャンルで「叫べ」と訴え続け、全国に発信し続けている。形は違うが、地方の問題を取り上げるスタンスは、本紙も同じである。木村氏からは地元紙としても刺激を受け、「同志」的な存在にもなりつつある。

震災で浮き彫りになった問題によって、地方紙の果たすべき役割に改めて気付かされた。中央だけにいれば感じることがないであろう、国のシステムに対する「違和感」と「矛盾」を発信し続けることだ。

参考までに、本紙は戦後生まれの新聞社である。日本新聞協会加盟の新聞社の多くが100年以上の歴史がある中で、戦後創刊した新聞社で、本社が県都にないにもかかわらず、10万部を維持している地方紙は全国でも珍しいという。それは、読者がこの地域のアイデンティティーを守りたいとの想いで、そのよりどころを地元紙に求めてきたからとも言える。

デーリー東北はこれからも、混沌《こんとん》とした時代の中で、地方の当事者として読者と一緒に迷い、考えながら地域と生きていく。地方の現場に光を当て、そこから中央にも問題提起していく地方紙としての姿勢を貫きたい。

（かわぐち　けいこ）

複数の時間を響かせるために

作家　木村友祐

人の暮らしに優劣なんかない

デーリー東北で連載した〈訛った神様〉シリーズ「空飛ぶ鉄犬」「クロマヅだぢ」は、正体のはっきりしない語り手自身が訛っている、という一風変わった作品である。語り手が訛っているのだから、つまり、セリフだけではなく地の文がすでに訛っている。全編ぼくの郷里・八戸の言葉、南部弁で埋めつくされている。

これは一度はやりたかったことで、郷里の新聞社での発表だったから実現できた。中央の文芸誌では、さすがに掲載はむずかしかっただろう。地元ですら、読みづらさという点で、賛否が分かれるのだから。一回目の連載の「空飛ぶ鉄犬」で、とくに大きな反響はなかった。それなのに、また続編である「クロマヅだぢ」を書かせ、さらにもう一本書いてくれというデーリー東北は、なんとも奇特な新聞社である。反骨の気風さえ感じる。

なぜ、方言ものとされる小説でも、地の文は必ず標準語になるのだろう。デビュー作の『海猫ツリーハウス』（集英社）以来、ぼく自身がそれを疑わずに書いてきたのだが、あるときから、セリフは方言、地の文は標準語という固定したスタイルが、無意識に刻まれた「縛り」に思えてきた。そう思ってしまうと、逸脱したくなる。ぼくの書くものは、つねにどこかで逸脱をめざしている。

〈訛った神様〉シリーズは、『海猫ツリーハウス』の番外編にあたる。その『海猫ツリーハウス』でぼくは、南部弁の音を、これでもかというくらい忠実に再現した。南部弁をふくむ東北方言の特徴である濁音を、そのまま書いた。八戸の人びとが、今も実際に濁音に彩られた言葉を話しているのに、泥を洗うように濁音を洗って読みやすくする必要はないだろうと。

なぜ、日々そこで話されている言葉を、「標準」に合わせる必要があるのだろう。標準語だけがこの国の言葉ではないし、あらゆるものの中心地である東京だけに時間が流れているのでもない。東京に時間が流れるまさにそのときに、「地方」とひとくくりにされるあるゆる場所でも同じように時間が流れ、人びとの喜怒哀楽の生活がある。田舎の生活だから取るに足りないなんて、だれにもいう権利はない。人の暮らしに優劣なんかない。

「標準」からはみだす言葉のゆたかさ

あたりまえの話だ。けれど、そのあたりまえのことを、田舎臭さをださないように息をひそめて東京で暮らしていたぼく自身が、わからなかった。だれに笑われたわけでもないのに訛りがでることを極度におそれ、もともと口べたなのが、さらに人とうまく話せなくなった。いちばん時間の変化が速い東京に自分の時間を合わせ、ほかの地方の時間は、遅れている時間だと無意識に見下していた。

けれど、実家に帰省して家族と地元の言葉で話しているとき、あるいは中学時代に犬を散歩させて歩いた川べりの土手を歩いているときなど、ぼくの心はのびのびと解放されているのである。東京にいるときには見せたことのない大笑いをする自分に気がついたときに、あ、これを書こうと思った。東京で生起する出来事にしか関心のない人びとは、おそらく知らないだろうこの時間を。「標準」からはみだす言葉のゆたかな響きと、複数の時間があることを。――当時は今ほど、こんなふうに言語化はできなかったけれど。

国家の底知れぬ冷たさを忘れない

〈訛った神様〉シリーズも、そうした思いにもとづいている。この国の中心地から何百キロも離れた場所で、人知れずの悲喜こもごもがある。それをありありと描く。しかも、作品内の時間は震災後。震災による原発事故によって、東京に従属させられ、自らもぶらさがっている地方の姿がはっきりと浮き彫りにされた。国の思惑のためなら、「原発は安全」という大嘘を莫大なカネとともに住民に飲み込ませる政財界の本質も露呈した。被災地に同情する声の大きさで、いくらなんでも、その構造は変わると思えた。

だが、驚くべきことに、原発事故で何万人もの避難者をだすという悲惨を生みだしても、この国は変わらなかった。政財界の者たちはだれひとり責任をとらず、またぞろコンクリートで海岸線を潰す土建国家に舞い戻り、そればかりか「復興のため」と震災をダシにしてオリンピックを誘致した。富める者をさらに栄えさせるために。

ぼくはそれを忘れない。被災地の人びとがあきらめとともに忘れても、ぼくは忘れない。国家というものの底知れぬ冷たさを忘れない。だからこそ、彼らの視野に入っていない人びとを描くのである。

地方紙の眼力について特集した本誌だから、最後にひと言。中央の、全国紙の新聞社が巨大になりすぎて言うべきことを言わないなら、すべての地方紙が連帯したらどうなのか。たとえば、沖縄の高江。そこで行なわれている人権蹂躙の横暴こそ、この国の剝きだしの姿である。この問題はほかの地方とも無縁ではない。人々を守ってほしい。

（きむら　ゆうすけ）

《震災復興》

東日本大震災・被災地の人口急減の実態を報告
人口減少に適応した適少社会を構想

河北新報社　報道部震災取材班　中島　剛

日本の将来モデルを被災地にうかがう

2011年3月11日に発生した東日本大震災は、震災関連死を含めると2万2000人近い命を奪い、東北を深く傷つけた。生活の基盤を壊され、古里を離れた人も多い。2015年国勢調査によると、震災で被災地の人口減は一気に進んだ。

震災被災地ほどではないにしろ、日本全体の人口も既に減少局面に入っている。国立社会保障・人口問題研究所は2060年の人口を、現在より約4000万人少ない8674万人と推計する。人口急減に直面する被災地の姿は、10年後、20年後、私たちが住む日本の至る所で起きる現実だ。

どの時代、どの地域でも、安心して生まれ、育ち、老いていきたい。超高齢化を伴う人口減に適応し、心豊かに暮らす社会の実現が国家的な課題となっている。東北6県のブロック紙である河北新報は、目指すべき社会のあり方を「適少社会」と名づけ、2016年1月から半年間、連載企画「適少社会　人口減　復興のかたち」に取り組んだ。巨大津波と未曾有の原発事故に苦しみながら再生へ歩む被災地にこそ、将来の日本のモデルがあるのではないかと考えている（文中の年齢や肩書きなどは連載当時のもの）。

人口急減のさまざまな実態

被災地の人口減の実態を紹介する（表参照）。津波で大きな被害を受けた岩手、宮城、福島3県の沿岸自治体と、東京電力福島第1原発事故で避難区域が設定された自治体は、合わせて42市町村ある。２０１５年と２０１０年の国勢調査を比べると減少率は４・１％。被災者の流入などで過去最大の人口に達した仙台市を除けば、９・３％減に膨らむ。

被災42市町村を除く東北6県１８５市町村の人口減少率は３・７％だから、過疎が進む東北の中でも被災地の人口減は著しい。ちなみに全国の市町村別の人口減少率を見ると、１～11位を被災町村が占めるという異常な状況になっている。

人口急減は、被災地の産業に大きな影響を与える。

宮城県女川町は、津波で中心部が壊滅した。２０１５年の国勢調査の人口減少率は、宮城県内で最大の37・０％。人口は前回２０１０年の1万51から６３３４に落ち込んだ。

基幹産業の漁業では、宮城県漁協女川町支所の組合員が、震災前の約５６０人から約３８０人に減った。津波の犠牲に加え、高齢化や後継者難の問題を抱えていた漁業者が、震災を機に引退したケースも多い。

震災後も、海の豊かさは変わらない。女川町支所の生産高は２０１４年度が約56億円で、２０１０年度の約45億円を上回る。組合員が減り、１人当たりの額は大幅に増えた。問題は労働力不足。ホタテ養殖を営む伊藤和幸さん（67歳）は「人さえ集められれば、規模を拡大できる」と嘆く。

水産加工業も悩みは同じである。漁業センサスによると２００８年、女川町には32の加工場があり、１１９９人が働いていた。２０１３年には15施設、５７５人と半減した。震災後、従業員を解雇した会社が多く、人口流出につながった。事業再開後、各社はハローワークを通じた求人、外国人実習生の受け入れと人集めに奔走するが、成果はなかなか上がっていない。

なかなか進まない宅地造成も、人口減に拍車を掛ける。被災市町村の多くは、津波浸水域への住宅新築を認めない。山林を切り開いたり低地をかさ上げしたりするなど、宅地造成を行なうが、事業規模が巨大で、住民の意見をまとめるにも、工事を進めるにも時間がかかる。

東日本大震災・被災地の人口減の実態（2015年国勢調査）

		人口（人）	増減数（人）	増減率（%）	前回調査の増減率（%）
岩手県	洋野町	16,694	▲1,219	▲6.8	▲8.3
	久慈市	35,644	▲1,228	▲3.3	▲5.8
	野田村	4,127	▲505	▲10.9	▲7.7
	普代村	2,796	▲292	▲9.5	▲8.0
	田野畑村	3,461	▲382	▲9.9	▲9.4
	岩泉町	9,839	▲965	▲8.9	▲9.3
	宮古市	56,569	▲2,861	▲4.8	▲6.5
	山田町	15,826	▲2,791	▲15.0	▲7.6
	大槌町	11,732	▲3,544	▲23.2	▲7.5
	釜石市	36,812	▲2,762	▲7.0	▲7.9
	大船渡市	38,068	▲2,669	▲6.6	▲6.0
	陸前高田市	19,757	▲3,543	▲15.2	▲5.7
	小計	251,325	▲22,761	▲8.3	▲6.9
宮城県	気仙沼市	64,917	▲8,572	▲11.7	▲5.8
	南三陸町	12,375	▲5,054	▲29.0	▲6.5
	石巻市	147,236	▲13,590	▲8.5	▲3.9
	女川町	6,334	▲3,717	▲37.0	▲6.3
	東松島市	39,518	▲3,385	▲7.9	▲0.8
	松島町	14,424	▲661	▲4.4	▲6.8
	塩釜市	54,195	▲2,295	▲4.1	▲4.8
	利府町	35,881	1,887	5.6	5.4
	多賀城市	62,128	▲932	▲1.5	0.5
	七ケ浜町	18,651	▲1,765	▲8.7	▲3.1
	名取市	76,719	3,585	4.9	6.5
	岩沼市	44,704	517	1.2	0.6
	亘理町	33,598	▲1,247	▲3.6	▲0.8
	山元町	12,314	▲4,390	▲26.3	▲5.7
	仙台市除く計	622,994	▲39,619	▲6.0	▲1.8
	仙台市	1,082,185	36,199	3.5	2.0
	小計	1,705,179	▲3,420	▲0.2	0.5
福島県	新地町	8,220	▲4	▲0.0	▲4.2
	相馬市	38,575	758	2.0	▲2.1
	南相馬市	57,733	▲13,145	▲18.5	▲2.7
	飯舘村	41	▲6,168	▲99.3	▲7.6
	川俣町	14,479	▲1,090	▲7.0	▲8.6
	浪江町	0	▲20,905	▲100.0	▲3.3
	葛尾村	18	▲1,513	▲98.8	▲5.8
	田村市	38,500	▲1,922	▲4.8	▲6.5
	双葉町	0	▲6,932	▲100.0	▲3.3
	大熊町	0	▲11,515	▲100.0	4.8
	富岡町	0	▲16,001	▲100.0	0.6
	楢葉町	976	▲6,724	▲87.3	▲6.0
	川内村	2,021	▲799	▲28.3	▲9.8
	広野町	4,323	▲1,095	▲20.2	▲2.1
	いわき市	349,344	7,095	2.1	▲3.5
	小計	514,230	▲79,960	▲13.5	▲3.5
	合計	2,470,734	▲106,141	▲4.1	▲1.3

〔注〕増減数、増減率は前回2010年調査との比較。前回の増減率は05年と10年調査との比較。▲はマイナス

岩手県陸前高田市は、2015年国勢調査の人口減少率が県内2位の15・2％に達した。津波で壊滅した中心部の低地約130haをかさ上げし、新しい市街地を造る。2015年11月にはじまった宅地引き渡しは完了まであと数年かかる。

生まれ変わる街を待てず、古里を離れる住民が多い。岩手県内陸部の奥州市に2012年7月、自宅を再建した村上貴和子さん（70歳）は「あと何年かかるか、いつ戻れるか分からない」と、移住の理由を明かす。

原発事故で避難区域がある福島県の市町村人口は激減した。避難指示が解除されても、整わない生活環境や放射能汚染への懸念があり、帰還の足取りは遅い。

2015年9月まで全域避難が続いた楢葉町の2015年国勢調査人口は976人。2010年調査の7700人から87・3％減少した。実際の帰町者はさらに少なく、町に週4日以上滞在するのは421人（2016年1月現在）にとどまる。「7700が400に減ったのではない。ゼロが400になった」と、松本幸英町長（55歳）はプラス思考を貫くが、帰町率の目標は期待値込みで5割という。「町民の生活が幸せであれば、その場所は楢葉以外でも構わない」。町民に戻ってほしいが、強いることはできない。

空前の人口減をどう乗り越えるか。町の復興計画は施策の一つに「復興に伴う新規流入人口の受け入れ」をうたう。町の周辺では、原発廃炉や復興に、数万人規模の作業員が携わる。廃炉作業は数十年は続く。居住を望む人は相当いるという。だが、作業員と地域の共生は簡単ではない。「なんか怖い」と漏らす町民は少なくない。先入観やレッテル張りに、時折起きる作業員絡みの事件が拍車を掛ける。帰町を見合わす理由に、作業員の存在をあげる町民もいる。

地域丸ごとの子育て支援で幼児人口が増加

厳しい状況の中でも、いたずらに悲観せず前を向く人がいる。人口減に適応した暮らしのあり方を模索する動きがある。

福島県葛尾村は、人口1470人（2016年12月現在）の小さな山村だ。原発事故で全域が避難区域となった。2016年6月、放射線量が高い帰還困難区域を除き、人口の9割強を対象に避難指示が解除されたが、帰村率は8％弱、102人にとどまる。

「人口減を恐れても仕方がない。日本最少の村になってもいい」。２０１５年8月、準備宿泊の制度を活用して、いち早く村での生活を再開した中村健彦さん（71歳）に悲壮感はない。「あえて山里に帰る住民は、今までの住民とは意識が違う。少数精鋭でまとまれば、すごい村になる」。水力発電組合の設立、大学の農場誘致、年金にプラスするコミュニティービジネスの創出、人口減を逆手にとった農地集約など、夢を紡ぐ。

２０１５年国勢調査の人口減少率が23・２％と岩手県内の市町村で最大だった大槌町は、０～5歳児人口が増加に転じた。２０１５年3月末で４６２人。前年より14人多い。町内の保育所で初めて「待機児童」が出たという。女性1人が生涯に産む子の数を示す合計特殊出生率は２０１０年が１・56。震災以降は２・０を超え、２０１３年は２・26となった。

母親の交流サロンを3年前に始めた美容院経営の小川麻里子さん（37歳）は、「2人目、3人目を産んだとよく聞く。将来を託すという感じでしょうか」と話す。

名古屋市出身の上野未生さん（40歳）は復興支援を通じて知り合った地元男性と結婚し、２０１５年7月に長男を出産した。勤め先には子連れで出勤する。職場や買い物先で子どもが泣き出しても、困ることはない。スタッフや近所の人が、手を差し伸べてくれる。「出産か仕事か、二者択一ではない生き方ができる。地域に守られ、育てられている」と、上野さんは語る。震災を機に町内外のつながりが生まれ、次世代に結び付いている。

住民が福祉に加われば地域が丸ごと施設になる

人口減の渦の中、暮らしを支えるインフラがほころびはじめた。商店や学校が地域から消え、担い手不足が地域の福祉や文化を脅かす。暮らしの礎をどう守るか。津波で大きな被害を受け、２０１５年国勢調査の人口減少率が29％と宮城県内で2番目に大きかった南三陸町の状況はどうだろう。

山内太一さん（85歳）は妻カヲルさん（76歳）と2人暮らし。町中心部へ通院や買い物に出るときは、最寄りのバス停まで山を約１・５㎞下り、日に3便のバスを待つ。上りのつらさを思うと、帰途はついタクシーになる。中心部からの料金は３０００円以上。太一さんは、「年金がタクシー代に消える」と嘆息する。そんな不便を我慢して、外出は最小限にとどめる。そんな生活に変化の兆しが見えたのは、南三陸町で障害者就労の場づくりを目指すNPO法人ワーカーズコープ（東京）が、障害や高齢で車を使えない人を対象にした無償送迎サービスをはじめてからだ。国によると、登録や許可を必要としない運送に当たり、自発的な謝礼やガソリン代実費であればお金を受け取れる。山内さん夫婦は、中心部との往復では、「感謝の気持ち」に2000円を包む。「家まで来てくれるから一番いい」と2人は口をそろえる。

人口減が進めば、従来型の公共交通は維持が一層難しくなる。交通弱者のインフラをどう確保するか。ワーカーズコープの取組みは一つの答えかもしれない。

超高齢化が進む。国の推計によると、今の傾向が続けば、国全体の65歳以上の高齢化率は2060年、2015年の26・7％から39・9％に上がる。人口ピラミッドが逆三角形になっていく。南三陸町の高齢化率は、2015年が32・0％。町の人口ビジョンでは、2040年には施策が最大限の効果を上げても40・3％で、現状のままでは47・4％に上昇するとみる。

高齢者が増える一方で、働き手の世代は減る。あおりを受ける高齢者福祉の施設では、人手不足が始まっている。満所状態が続く南三陸町の特別養護老人ホーム「いこいの海・あらと」（定員80人）は職員が3人足りない。町内では求人を満たせず、職員約50人の2割が町外から通う。

福祉を支える基盤の危機に住民が動いた。地元の60～70歳代でつくる住民団体「さくらの会」が週1回、シーツ交換や掃除の奉仕活動に取り組む。入所者とは年齢が近い。おしゃべりしたり、行事に参加したり交流したりもする。パートに採用された会員もいる。

「あらと」の嘱託医を務める中村幸夫さん（68歳）は、「住民が積極的に福祉に関われば、地域が丸ごと施設になる。職員が少なくてもカバーできるし、徘徊にも気づく」とさくらの会の活動を評価する。

震災を機に地域の生業のあり方を変える

生業なくして暮らしは成り立たない。次代へ生き抜く地場産業を被災地はどう作り出せばいいのか。

宮城県気仙沼市の北部、唐桑町地域（2006年に気仙沼市と合併）では、移住してきた若者が新たな風を吹かせる。

唐桑に暮らす20～30歳代の約20人でつくるまちづく

り団体「からくわ丸」には、移住者が9人いる。多くは学生のときの震災ボランティアが発端で移り住んだ。代表で地元出身の介護福祉士立花淳一さん（29歳）は、「唐桑を客観視できる移住者と動くことで古里を再発見できた」と、結成からの4年を振り返る。

唐桑の人口は、ピークの1958年度と比べるとほぼ半分に減った。漁業で栄えた地域を象徴する豪邸「唐桑御殿」も空き家が目立つ。からくわ丸は使い手を失った御殿こそ地域資源だと目を付け、移住者のシェアハウスに活用したり、デザイン化してTシャツやタオルを作ったりした。漁業体験や農業体験、学生対象の合宿型ボランティアの受け入れもはじめた。事務局では移住者2人を雇用する。

事業をどう発展させ稼ぐか。先は見えない。「今は金集めより仲間集め。当事者意識を持つ人を増やしたい」と、メンバーは考える。しがらみのない移住者の発想を、地元出身者が地縁を生かし、実現可能な形に彫り込む。

津波で一度消えた漁村の中には、「変わるなら今しかない」と挑む浜がある。

岩手県大船渡市の綾里漁協は2015年9月、食材付きの情報誌『綾里漁協食べる通信』を創刊した。送料込みで2570円。第1号はワカメ300gを添えた。浜の歴史や生産現場のルポ、地元ならではの調理方法など読み応え十分だ。浜を外に開き、消費者と直接つながろうと一歩を踏み出した。1号は目標の3倍を超える166人が購読。アワビ付きの2号は、215人に増えた。通信をきっかけに綾里を訪れる人が出てきた。

編集長の漁協職員佐々木伸一さん（42歳）は、「漁師は寡黙で情報発信にも消極的だった。漁業の課題も魅力も伝わっていない」と話す。今後、後継者難が人口減で加速する。「半世紀以上前からの決まりで、外部の人が漁協組合員になるのは難しい。今は人が減り、漁場が余る。時代の変化に対応しないと生き残れない」。外からの人の受け入れは大きな課題だ。

集約化による復興の成否は?

人口減に適応した新しい街づくりのあり方として、コンパクトシティーがよく語られる。

宮城県山元町は、面積の4割が津波にのまれた。斎藤俊夫町長（66歳）が選んだ復興方針は集約化。被災者の集団移転先を3か所に限定した。商業施設の誘致に加え、JR常磐線の新駅も移設し、新市街地を形成する。「震災前、町に魅力的な中心地がなく、人口流出が止まらないように見えた。ピンチをチャンスに変える。ゼロからの大改造だ」と、斎藤町長は話す。

町長の信念に賛同した住民だけではない。2015年国勢調査で、町の人口は前回2010年調査と比べ、4390減の1万2314。減少率26・3％は県内ワースト3位だ。集約化に疑念を持った住民は町を去った。同町磯地区で行政区長を務めていた星新一さん（68歳）は、近くの高台への集団移転が認められず、宮城県名取市に移住した。星さんは、「効率は大事だが、被災者の気持ちを考えていない。過疎でいいから、地元で暮らしたかった」と語る。にぎわい創出への希望か、人口激減への元凶か。賛否渦巻く集約化の答えは出ていない。

中央に依存しない復興が、人口減を生き抜く道

人口減少の拡大と東京一極集中の加速が、日本の将来を危うくする。新たな地域づくりを自治体に求める国の政策「地方創生」は、政府の危機感の表われだ。安部晋三首相は、課題先進地である被災地について、「地方創生のモデルとなる復興を」と号令を掛ける。地方創生は、復興の追い風となっているのか。

岩手県山田町は、国が全国の自治体向けに用意した総額1000億円の2015年度地方創生加速化交付金の活用事業を申請しなかった。「復興途上の最中に、新たな事業をぶち上げる余裕はないし、交付金の仕組み自体が地方の自立に結び付かない」と、農林水産省出身の鈴木裕副町長（39歳）が説明する。

加速化交付金は、各自治体の地方創生計画「地方版総合戦略」に絡む先駆的事業を対象とした。国の「まち・ひと・しごと創生総合戦略」を勘案して策定することが要求され、検証と効果を国に報告する必要がある。国の縛りが強いシステムで、総額1000億円を全国の自治体が奪い合う。

地方の独自性発揮は、国の意向次第に映る。「特色ある地域づくりを進めるためには、地方から国の仕組みを変える提言力と知恵が必要。国の言いなりでは駄目だ」。宮城県塩釜市の佐藤昭市長（73歳）は地方振興をうたいながら、財源や権限を手放さぬ国の姿勢

に、疑問を呈する。中央が求める施策、中央が敷いたレールに依存しない地域づくりこそ、震災と原発事故で教訓を得た被災地が、人口減社会を生き抜く道ではないだろうか。

移民受け入れで産業は発展するか?

人口減対策として、外国人移民の受け入れを進めようという考えがある。被災地では、外国人留学生や技能実習生が労働力不足を補う。

宮城県の外国人留学生のアルバイト人口は約2200人に上る。仕事は、総菜などの食品製造や宅配の荷物仕分け、クリーニング、飲食店での調理など多種にわたる。「震災被災地の労働力不足を補う形で、住民の暮らしを支えている」と、宮城県国際化協会の伊藤友啓さん(42歳)は、県内の現業職場で留学生の存在が大きくなっている現状を説明する。

水産加工業界では、震災が人材難に拍車を掛け、外国人実習生への依存が強まる。宮城県塩釜市の塩釜魚市場水産加工業協同組合は、実習生の受け入れ枠を拡大する特区制度を活用し、現在の64人を100人まで増やすことを計画する。

しかし、安価な労働力を期間限定で求める技能実習制度には限界も透ける。急場はしのげても賃金抑制の要因になり、産業発展への努力を遅らせるとの見方もある。丹野清人首都大学東京教授(49歳)は、「ベトナムなど日本に人材を供給している国々は経済が急成長しており、いずれ日本は見向きもされなくなる」と警告する。

人口急減社会は可能性が広がるフロンティア

国の長期ビジョンでは、合計特殊出生率が2014年の1・42から、2030年に1・8、2040年に2・07に上昇し、2060年に1億人程度の人口を確保し、地方と都会の人口移動が均衡すると見込む。非常に楽観的だ。地方の人口ビジョンも、だいたい国の考えを踏襲する。現実離れした見通しは針路を誤らせる。日本社会の人口急減は避けられない。現実を直視しなければならない。

そのとき、地方を切り捨ててはならない。農村、漁村、山村があって地方都市があり、都会がある。前浜や里山と人は、長い時間をかけて関係を築いてきた。人も自然の一部だ。人がいなくなれば、生態系が崩れる。地方、とりわけ田舎に人が適切に住むほうが国土利用、食糧供給の観点で利益が大きい。地方ごとの多様な文化が、日本社会の多様性を育んできた歴史もある。道路や教育など暮らしの基盤は、人口の多寡を問わず、維持しなければならない。国土を等しく尊ぶ国民的なつながり、社会共同性が失われてはならない。

田舎の豊かさは、顔の見える相互扶助の関係にある。半面、しがらみや閉鎖性がつきまとってきた。今、被災地は震災で外から多くのボランティアが入り、空気が変わりつつある。都会のフラットな感覚が持ち込まれ、若者が発想を生かしやすくなった。顔の見える社会の安心感と自由な雰囲気。田舎と都会のいいとこ取りをした新しい地域社会が生まれようとしている。

豊かさの尺度、幸福の価値観、働き方も変化している。被災地で活動するワカモノやヨソモノに接すると、官公庁や大企業に就職し、都市部で働くことをあえて選ばない傾向の強まりを感じる。ビジネスを営みながら社会課題の解決を目指すソーシャルビジネスの芽が、人材育成や教育支援を中心に、被災地の各所で出はじめているのは、その表われの一つだろう。

人口が減るのは寂しい。ただ前向きに考えれば、地域の恵みの分配や、活躍できる場面が増えるとも言える。今後、本格化する人口急減社会は、新しい可能性が広がるフロンティアでもある。

震災被災地には、自給可能な1次産業の基盤があり、人と人とのつながりがある。厳しくも豊かな自然と共生してきた気概もある。

被災地が持つ強みと、技術の進化、価値観の変化が重なったところに、人口減少に適応し心豊かに暮らす適少社会の答えがあるのではないか。成長拡大への飽くなき欲望を、社会全体の幸せを底上げする善意に変えなければならない。

(なかじま たけし)

《原発》

放射性物質に苦悩する農林漁業者の声を届ける被災地の姿が忘れられないために

福島民報社郡山本社　報道部長　紺野正人

東日本大震災と東京電力福島第1原発事故から2017年3月11日で丸6年を迎えました。原子力災害の影響は、広範囲かつ長期にわたるという特異性があります。中でも福島県の農林水産業に与えた被害は、計り知れません。他の自然災害とは比べようもない深刻さがあります。復興は道半ばで、震災と原発事故前のなりわいを取り戻す闘いが、今なお続いているのが現状です。

放射性物質の除去に苦闘する農林家と研究者

2013年1月から11月まで、福島民報の紙上で計5部、96回にわたって展開した長期連載「ベクレルの嘆き　放射線との戦い」のデスクを担当しました。原発事故に直面した県民の放射線への不安や葛藤、リスクコミュニケーションをめぐる政府や専門家の対応、農林水産業の再生の取組み、除染の現状と課題、福島第1原発の汚染水問題などを追った県民の記録です。

このうち、第3部「未知への挑戦」では、原発事故で甚大な被害を受けた農林水産業に焦点を当て、現状と再生の取組みを科学的なアプローチで取材し、23回にわたって連載しました。原子力災害の影響は広範囲にわたると申し上げましたが、当時は、原発事故で拡散した放射性物質による被害が多方面に及んでいて、全体像がつかみにくいという問題がありました。そこで、一つひとつの被害の実態を掘り下げて取材することで、何が分かっていて、何が分からないのか、再生にはどんな対策が必要なのかを、明らかにしようと試みたのです。

　取材班は、福島県の農林水産業の現状を把握したうえで、農家や漁業者、そこに携わる研究者を取材しました。さまざまな研究がなされていることが分かりましたが、科学的な根拠があるもの、当時の段階でより実現性のあるものを、第三者の評価を踏まえたうえで掲載しました。取材対象は水稲をはじめ、シイタケをつくる原木、加工食品、海水魚、淡水魚に至るまで、多岐に及びました。

福島民報の長期連載「ベクレルの嘆き　放射線との戦い」の紙面

　水稲では、「水田のカルテ（診療録）」を作ろうという伊達市霊山町の小国地区の農家と研究者の取組みを追いました。この地区で生産されたコメからは、２０１１年11月に、食品衛生法の暫定基準値（1kg当たり５００ベクレル）を超える放射性セシウムが検出されました。福島県知事が県産米の「安全宣言」を出した矢先の出来事で、県産米に対する信頼が大きく揺らいでいました。加えて、明治31（１８９８）年に上小国信用組合が創設され、農業協同組合の先駆けとなった地でもあり、農家には「先祖から受け継いだ土地、農地を後世に残したい」との強い思いがありました。小国地区の農家と研究者は、作付けが制限されるのを見越し、放射性セシウムの吸収を低減させる資材を使わないで試験栽培することで、資材を使った場合と比較できるデータを集めて、科学的な根拠に基づいた対策を講じようとしたのです。

　「あんぽ柿」の生産者の苦悩にも迫りました。あんぽ柿は、皮をむいた柿を薫蒸した後、2か月ほど寒風にさらして作る干し柿で、濃厚な甘みが熟成されます。伊達市山川町五十沢《いさざわ》地区が発祥の地で、主に県北地方で生産されてきました。原発事故前の２０１０年の年間販売額は22億円に上っていました。しかし、生柿を干して加工するため、果実の放射性物質濃度は水分が減った分だけ濃縮され、食品衛生法の基準値を超えやすく、２年連続で加工自粛に追い込まれました。

放射性物質を取り除くため柿の木を高圧洗浄する「あんぽ柿」生産農家

２年間で10t以上もの柿を廃棄せざるを得なかった農家の「むなしくて涙が出る思いだった」という言葉が今でも忘れられません。樹木の表面に付着した放射性物質を取り除くために、樹木を高圧洗浄したり、収穫に影響しない程度に幹や枝を切り落としたりと、ブランドを守るための生産者の懸命な努力がありました。

原発事故はシイタケを栽培する農家にも大きな被害をもたらしました。事故前は、シイタケ栽培用の原木の県外出荷量は、全国一位を誇っていました。比較的温暖な阿武隈高地の広葉樹は表面付近が柔らかく、シイタケ栽培の原木に適していました。しかし、原発事故で多くが使用制限の基準となる１kg当たり１５０ベクレルを超え、流通がほぼ途絶えました。シイタケの生産が滞る事態となり、良質の原木は手に入らないし、栽培もできず、福島県内のシイタケ生産者にとって二重苦でした。中には県内産の原木が入手困難となり、お隣の栃木県に原木を買い求めましたが、原木の使用基準がより厳しくなり、購入した原木を廃棄せざるを得なくなる生産者も出てきました。そこで、福島県林業研究センターは原木に付着した放射性物質を取り除くため技術開発に乗り出したのです。

漁業でも進む漁家と研究者の追究態勢

漁業の試験操業に取り組む漁師をはじめ、海水のモニタリングや魚の放射性物質濃度が低減するメカニズムの解明に取り組む研究者も取り上げました。福島県の沿岸北部に位置する松川浦漁港はカレイやヒラメで全国有数の漁獲量を誇り、「常磐物」として信頼を築いてきました。しかし、原発事故でブランドが崩壊したため、安全な魚を獲り、消費者が安心できるような出荷体制の再構築に向けた漁業者の手探りの挑戦が始まったのです。しかし、漁ができるとはいえ、あくまで試験操業です。「うれしいと簡単に言えるほど楽観的な状況ではいない。試験はあくまでも試験なんだよ」「福島の漁師には1％のミスも許されない。常に100％の安全が求められているという自負がなければ、これまでの積み重ねが水の泡になる」……。こう仲間の思いを代弁する漁師の姿が、印象的でした。

福島第1原発から約130㎞も離れた奥会津のヒメマスにも影響が及んでいました。金山町の沼沢湖は一年を通して水温が低く、競合する魚も少ないことから、福島県内で唯一のヒメマスの生息地だったのです。原発事故前は、町内や会津若松市の旅館などに流通し、町の特産品の一つでした。しかし、原発事故で「基準値超の魚」になり、漁業者は頭を悩ませていました。魚に放射性物質が蓄積され、排出されるメカニズムには未知の部分が多かったのですが、餌が影響していることが分かってきました。ただ、川魚などの淡水魚は、検体の確保が手釣りの場合が多く、海水魚に比べて検体数が少ないのも調査の壁になっていました。

漁業者の思いに呼応するように、統計的・科学的に安全性を裏付ける研究も進んでいました。取材を通して、「海水魚は放射性セシウムを吸収するのが速く、排出も速い」「淡水魚は吸収が遅いが、排出も遅い」など新たな発見がありました。

現場でできる放射線検査を求めて

当時は農林水産物の放射性物質の検査体制も課題でした。食品の放射性物質検査は通常、検体を切り刻むなどして解体したうえで測定します。しかし、解体に時間がかかるうえ、ミンチ状の検体はほとんど廃棄せざるを得ませんでした。食品の内部被ばくに対する福島県民の不安を解消するためにも、より簡易な測定法を編み出す必要があったのです。そこで、解体せずに測定できる非破壊式測定器の研究開発の現場も取材しました。

また、原発事故からしばらくの間、福島県内のスーパーなど小売店から県産品が姿を消す事態となりました。小売の現場でも、消費者に安心して購入してもらうため、独自の検査を行なう動きが広がりました。福島県の農産物を積極的に応援する人と、できるだけ避けたい人に二極化する中、応援したい人が安心して購入できる環境整備の必要性を訴えました。全国消費者団体連絡会（東京都）の事務局長からは、「流通業者が正しく理解し、福島県産を全国に届けることが重要。そのためにも安心できる科学的根拠を示し続けなければならない」との指摘もありました。

第3部を含む全連載は、震災と原発事故から丸3年を迎えた2014年3月11日に、早稲田大学出版部から発刊した『福島と原発2　放射線との闘い＋1000日の記憶』に収録されています。連載のほか、震災と原発事故を風化させないため、震災と原発事故発生から2013年12月4日まで1000日にわたる出来事も掲載しています。ぜひ、ご一読いただければと思います。

放射線被害からの再生へ向けて損得勘定なしの努力

連載を通して感銘を受けたのは、何と言っても福島県の農林水産業の再生に向け、多くの農家や漁業者が、粉骨砕身、損得勘定なしで努力している姿です。当時、コメの作付け制限などに伴う東京電力の賠償は、10a当たり5万7000円で、休耕地の除草や耕運などのため、行政から助成される制限区域保全管理費もありました。両方をもらえば、作付けしないほうが得だという農家も少なくありませんでした。漁業者についてもしかりです。

それにもかかわらず、試験栽培や試験操業に乗り出す背景には、農業、漁業が廃れれば、地域の衰退につながりかねないという強い危機感がありました。農家と漁業者の多くは、震災と原発事故前から地域づくりの担い手でした。職業に対する誇りや愛着、やりがいがあったのはいうまでもありません。

もう一つは、農林水産業に携わる研究者が、福島県のことを思い、再生への答えを見いだそうと必死に奮闘されていたということです。原発事故以降、多くの専門家と呼ばれる方々が登場しました。中には不安をあおるだけあおって、現実的な解決策を何ひとつ示さない人も、多々、見受けられたように思います。そんな中、農林水産関係の研究成果が、農林漁業者の大きな支えになりました。「頭の下がる思い」という言葉がありますが、まさにこういうことをいうのだと痛感させられました。

住民の具体的な被害や不安を伝える意義

第3部を含め連載の開始以降、全国から多くの投書やメール、電話などが寄せられました。「福島の現状を理解する助けになる」「放射線に対する理解が深まった」などの感想のほか、「住民の科学的な判断能力を養うことが重要だ」などの指摘もありました。リスクコミュニケーションを検討する国の会合でもこの連載が取り上げられ、放射線の専門家からは「まさにリスクコミュニケーション」との評価もいただきました。

難解な放射線リスクや放射線防護の考え方を単に説明されても、なかなか理解できません。それは、実際に現場で住民とのリスクコミュニケーションに携わっていた専門家の多くが抱いていた悩みでもありました。住民が大なり小なり抱えている不安や被害の具体例を示すことで、原子力災害の本質について、共感を持って理解が深められたのではないでしょうか。その意味で、この連載は、放射線リスクをめぐる混乱、疑問の解消にも、少なからず役立ったのではないかと思います。

また、被害の実態を浮き彫りにすることは、再生への大きな一歩となります。地道な作業ですが、こうした積み重ねが、行政などを動かし、福島県の復興を後押しするのだと思います。

再生への努力は実を結びつつある

原発事故から6年がたち、事故当時と比べて、福島県内の放射性物質の検査態勢は格段に整備されました。出荷制限されている農作物、魚種も大幅に減りました。これは農林家、漁業者、研究者ら関係者の地道な取組みの成果にほかなりません。

福島県内で収穫されたコメに含まれる放射性物質を調べる全量・全袋検査では、２０１５年産米約１５０万袋全てが食品衛生法の基準値（１kg当たり１００ベクレル）を下回っています。99・99%が検出下限値未満です。セシウムの自然減衰に加え、塩化カリウム肥料散布など、セシウムの吸収抑制対策を進めたことが奏功したとみられ、福島県は「これまでの地道な取組みが結実した。基準値超えゼロは、県産米の安全性をPRするうえで重要な要素となる」としています。野菜・果実、畜産物、栽培キノコも、2013年から2015年まで3年連続で食品衛生法の基準値を超える放射性物質は検出されていません。

連載で取り上げた「あんぽ柿」は2013年12月に一部地域で3年ぶりに出荷が再開されました。2013年度が原発事故前の13％の約200t、2014年度が33％の約500t、2015年度は約57％の約900tと年々、出荷量が回復しています。2016年度は、原発事故前の約8割に当たる1250tを出荷目標に掲げています。そして、非破壊式検査機器による放射性物質検査で安全を確認し、全国に出荷されています。

2016年6月には、伊達市梁川町にJAふくしま未来の新施設「あんぽ工房みらい」が完成しました。柿の皮むきや乾燥などの加工から選別、包装、箱詰めまでの一連の作業工程がほぼ自動化され、先進技術による生産が進んでいます。2015年度までは小玉や中玉が数個入った「トレー製品」に限って出荷が可能でしたが、2016年度は大玉の個包装製品の出荷が、原発事故後初めて再開されました。

2012年6月に始まった福島県沖での試験操業の対象魚種は当初、3魚種でしたが、2016年10月末現在、92魚種まで拡大しています（表参照）。一方、出荷制限は十数種にまで減っています。2016年9月には、主力魚種ヒラメの試験操業が始まりました。本格操業開始に向けて、着実に前進しています。

2015年の水揚げ量は2012年の10倍以上の1511tまで増えました。2016年の漁獲量は9月末時点で1610tとなっています。ただ、震災と原発事故前の2010年の漁獲量約2万5000tの一割にも満たないのが現状です。

ヒメマス漁は、2016年4月、4年ぶりに解禁されました。県内ゆかりの料理人やまちおこしコンサルタントら有志は、「奥会津ブランド物語」をテーマに、奥会津の資源を生かした六次化商品の開発に乗り出しました。第一弾として、金山町の企業組合と共同で、町の特産ヒメマスのオイル漬けを商品化します。

試験操業の対象魚種　2016年10月3日現在

2012年6月
1. ミズダコ
2. ヤナギダコ
3. シライトマキバイ
2012年8月
4. キチジ
5. ケガニ
6. スルメイカ
7. ヤリイカ
8. エゾボラモドキ
9. チヂミエゾボラ
10. ナガバイ
2012年11月
11. アオメエソ
12. ミギガレイ
13. ズワイガニ
2013年3月
14. コウナゴ
2013年4月
15. ヤナギムシガレイ
16. ユメカサゴ
2013年8月
17. キアンコウ
18. シラス
2013年10月
19. アカガレイ
20. サメガレイ
21. アカムツ
22. チダイ
23. ヒレグロ
24. マアジ
25. メダイ
26. ケンサキイカ
27. ジンドウイカ
2013年12月
28. ベニズワイガニ
29. ヒゴロモエビ
30. ボタンエビ
31. ホッコクアカエビ
2014年2月
32. イシカワシラウオ
33. スケトウダラ
2014年4月
34. アワビ
2014年5月
35. ヒラツメガニ
36. ガザミ
37. ホッキガイ
38. マイワシ
39. マサバ
40. ゴマサバ
2014年8月
41. ウマヅラハギ
42. オオクチイシナギ
43. カガミダイ
44. カナガシラ
45. ソウハチ
46. ホウボウ
47. マガレイ
48. マダイ
49. マトウダイ
50. オキナマコ
51. サワラ
52. ブリ
2014年9月
53. シロザケ
2014年10月
54. ヒメエゾボラ
55. モスソガイ
56. マダコ
2014年12月
57. サヨリ
2015年1月
58. マダラ
2015年4月
59. キタムラサキウニ
60. ショウサイフグ
61. ナガレメイタガレイ
62. ホシザメ
63. ムシガレイ
64. メイタガレイ
2015年10月
65. アコウダイ
66. カンパチ
67. シラウオ
68. タチウオ
2015年12月
69. コモンフグ
70. トラフグ
71. ヒガンフグ
72. マフグ
2016年3月
73. アサリ
2016年8月
74. ニベ
75. シログチ
76. ケムシカジカ
77. ヒラメ
78. マアナゴ
79. ホシガレイ
80. マゴチ
81. マツカワ
82. サブロウ
83. ナガヅカ
2016年9月
84. アイナメ
85. アカシタビラメ
86. エゾイソアイナメ
87. コモンカスベ
88. マコガレイ
89. クロマグロ
90. カツオ
91. シイラ
92. ヒラマサ

県内各地の潜在的な魅力を掘り起こして、地場産品による「福島ブランド物語」としてシリーズ化し、地域産業の活性化を後押しすることにしています。

福島大学には2019年4月に、農学系教育研究組織「食農学類（仮称）」が開設される予定です。農業を専門に学ぶ4年制大学の学部設置は、福島県内で初めてとなります。定員は100人程度、専任教員は38人程度で、食品科学、作物・栽培学、生産環境学、農業経営学の4専門領域を設ける構想です。東日本大震災と東京電力福島第1原発事故後に福島県内が抱える食や農業の課題克服に向けた教育、研究の展開が期待されています。

現実と乖離する根強い風評

以上のように、福島県の農林水産業は着実に回復していますが、2014年の福島県の農業産出額は1837億円で、原発事故前の2010年の2330億円にはほど遠いのが現状です。林業産出額も2010年の124億8000万円に対して2013年は85億5000万円、海面漁業生産額は2010年の181億8000万円に対して2013年は79億円にとどまっています。原発事故に伴う根強い風評で、販売価格が低迷しており、風評被害との戦いは今なお現在進行形で続いています。

例えば、原発事故前の県産コシヒカリ（中通り産）の相対取引価格は、全国平均と同水準でした。しかし、2015年産米の2015年11月時点の価格は60kg当たり1万2093円で、全国平均の1万3223円を大きく下回っています。福島県の担当者は「いったん（コメが）棚に並ばなくなると、元のスペースを取り戻すには相当な苦労が必要だ。安全性をPRし、市場に粘り強く訴えていくしかない」としています。

原発事故の廃炉作業は30～40年を要するとされます。発生頻度は減っていますが、汚染水トラブルは依然として続いています。全農県本部の担当者によると、せっかく県産米の安全性をPRしても、原発でのトラブルが報道されるたびに、業者から「大丈夫なのか」と問い合わせがくるといいます。安全が確保されたとしても気を緩めず、長期的な視点で吸収抑制対策や全量全袋検査などの対策を講じる必要性を指摘しています。

また、消費者庁が2016年10月に発表した原発事故に伴う風評被害に関する消費者意識の実態調査（第8回）では、食品の購入をためらう産地に関する質問で「福島県」と回答したのは16・6％で、前回（2016年2月）の15・7％とほぼ横ばいでした。食品の放射性物質検査に関する質問では、基準値を超える食品が確認された市町村では、出荷制限が行なわれることを知っているとの回答が43・8％で、前回を1・6ポイント上回りましたが、2013年2月の第1回の58・8％に比べて15ポイントも減っています。また、検査が行なわれていることを知らないとの回答は34・8％に上り、第1回の22・2％から約12ポイント増える結果となりました。

時間の経過とともに食品と放射性物質に関する消費者の関心が低下していくのは、やむを得ない面もあります。問題は、持っている知識や理解の度合いが、原発事故当時のまま固定化してしまっていることだと思います。震災と原発事故から年月がたつにつれ、被災地の姿が報道されなくなり、復興の現状が消費者に伝わらないことが一因ではないでしょうか。国は福島県内はもとより、国内外に放射性物質に関する正確な情報と福島県の現状を積極的に発信するべきです。

復興の歩みを過大でも過小でもなく伝える

福島民報は今後も、福島県の農林水産業の復興の歩みを過大でも過小でもなく、ありのままに全国の皆さんに伝えていく所存です。福島の再生に取り組む県民の姿を記録し、後世に残していくことが地元紙に課せられた使命だと考えています。震災と原発事故関連のニュースは福島民報のホームページにも掲載しています。福島県の現状を知るうえで、少しでも役に立ててほしいと思います。願わくば、こうした記録を、後の世の人に今一度、ひもといてもらい、検証してほしいと思います。

（こんの　まさと）

《TPP》

TPPから農業を守ると言い切れるのか 地域社会の切実な目線から発信

北海道新聞社 論説委員 森川 純

TPPに疑問を呈し続けてきた

北海道新聞は、2016年12月に国会で承認された環太平洋連携協定（TPP）について、一貫して批判的な視点で報じてきた。なぜなら、北海道の基幹産業は農業であり、それが関税の撤廃や大幅引き下げによって、深刻な打撃を受ける恐れが強いからだ。食品加工、運輸など関連産業にも影響が及ぶ。

農業だけではない。TPPは市場原理主義の色彩が濃い。海外進出した企業が投資先で不利益を被った場合、賠償を求めて相手国政府を訴えることができるISDS条項の導入、遺伝子組み換え（GM）食品に関する部会設置など、グローバル企業に有利になりそうな仕組みが目立つ。弱肉強食の社会になれば、各国、各地域の多様な産業や文化を損ないかねない。

さらに問題なのは、政府の姿勢だ。国民、国会が情報開示を求めたのに、各国と異例の秘密保持契約を結び、大筋合意後の承認を巡る国会審議でも交渉経緯などを伏せ続けた。国民に十分な判断材料を与えず、国会での議論も深まらないまま、採決を強行した政府・与党の姿勢には首をかしげる。

北海道では農家はもとより、経済団体、消費者団体などから反対や慎重な意見が出されていた。それらの意見は、前のめりな政府の姿勢のもとで、置き去りにされた印象がある。

ＴＰＰに対する全国紙の社説は、表現に濃淡はあるものの、おおむね、賛意を示している。対照的に、北海道新聞社は貿易自由化の意義を認めながらも、生活や産業へ深刻な影響を与えかねないＴＰＰに疑問を呈し続けてきた。ＴＰＰ参加12か国は２０１５年10月に大筋合意し、２０１７年1月時点で、日本とニュージーランドが承認手続きを終えている。一方、交渉の推進役だった米国では、大統領選で勝利した共和党のトランプ氏がＴＰＰから離脱する大統領令に署名した。

社説をはじめとする紙面を振り返り、北海道新聞がＴＰＰについて何を伝えてきたかを説明したい。

地域崩壊を招きかねない ＴＰＰの締結をなぜ急ぐのか

社説でＴＰＰの問題を本格的に論じたのは、当時の民主党政権で菅直人首相が参加検討を表明した後の２０１０年10月26日朝刊にさかのぼる。以来、ＴＰＰを中心テーマにした社説は、２０１７年1月までに80本を超す。

安倍晋三首相が交渉参加を正式表明した翌日の２０１３年3月16日の社説は、「国益損なう拙速な判断」との見出しを立てた。

その社説では、「農業をはじめ影響の大きい交渉にかかわらず、あまりに拙速な判断ではないか」と疑問を呈した。首相には交渉参加の利益と不利益の説明を尽くす責務があるとし、国民不在の独断は容認できないと説いた。自民党は、「聖域なき関税撤廃を前提にする限り、交渉参加に反対する」と訴えて政権交代を果たしたことに触れ、「農業関係者が反発を強めたのは当然だ」と記した。

政府が参加表明と同時に公表した影響試算は、関税を即時撤廃するとの仮定でコメ、小麦、生乳・乳製品など19品目の生産減少額を2兆６６００億円とはじいた。

北海道農業への影響を語る前に、まずはその概観を示しておきたい。人口５５０万人、地域の総生産18兆円規模の北海道において、農業の存在は大きい。

酪農は、道東や道北を中心に全道で盛んだ。ホクレンが各農家の生乳を集めて乳業メーカーの工場に配送する。８割はバターやチーズなど加工用に回され、２割が飲用乳となる。全国的な役割分担で、加工向けが多いのが特徴だ。加工用は乳価が安く、国の補給金が一部を補てんしている。

稲作は空知管内や上川管内が大産地で、ブランド米のゆめぴりか、ななつぼし、主に業務用のきらら397などが作られている。

そして、畑作の大産地は、十勝管内やオホーツク管内である。小麦、砂糖原料のビート、でんぷん用バレイショ、豆類などを作付けし、近年はナガイモの輸出で知られる。

畜産は、酪農家で生まれた雄の子牛や和牛、両者の交雑種を育てる肉牛農家、養豚・養鶏業者がいる。北見周辺や富良野などタマネギの大産地のほか、気候が温暖な道南をはじめ全道的に多様な野菜がつくられている。

道によると、2014年の販売農家は3万9700戸、農家人口15万4000人。産出額は1兆1000億円にのぼる。1戸当たり経営耕地面積は26・5ha で、道外の14・7倍となっている。専業中心で耕作面積も広く、国内では価格競争力がある。

とはいえ、コメは1kg当たり341円、小麦は同55円といった高い関税で守られているのが実情だ。関税撤廃で圧倒的に安い輸入品の攻勢を受けた場合、専業中心の北海道は、逆に打撃を受けやすいと言われる。

さて、2013年3月19日に、北海道が発表した影響試算は、TPPですべての関税を即時撤廃した場合の生産減少額を示した。農産品は乳製品、ビート、コメ、小麦などの生産が激減し、軽種馬も含め計4762億円。全生産額の半分に当たる。水産品446億円、林産品33億円を加えると計5241億円となる。

深刻なのは農産品の波及の大きさだ。輸送、食品加工など関連産業で3532億円、地域経済で7383億円など、減少分の総額は1兆5846億円。11万2000人が職を失い、農家が2万3000戸減る計算だという。

TPP参加表明後、専門家の評論、現地ルポ、農家からの聞き取り調査などの記事が続々と紙面展開された。農家計100人のアンケートでは、参加表明を「悪い」と答えたのは52人で、「良い」の9人を大きく上回った。情報不足などで「分からない」が22人を数えた。

農家の声の特集面で、コメ農家は、「関税が下がって安い外国産米が入れば、到底戦えない」「販売ルートを開拓して独立できるのは、一握りだろう」と答えた。酪農家は、「安い乳製品が入ってきたら、加工用に出荷している酪農は立ち打ちできない」と嘆いた。

小麦などをつくる畑作農家は、「1品でもだめになれば、輪作は成り立たない」と述べた。これは本質に触れる指摘だ。政府は「輸出強化」を掲げ、好調なナガイモを例示したりするが、ナガイモだけでもうかるほど畑作は単純ではない。畑作は、病害虫発生や連作障害による収量減を避けるため、年ごとに作物を換える輪作を基本とする。前記の畑作農家の発言は、その輪作の大切さを言い表わしているのである。

農家の声はTPP反対一色ではなく、別の畑作農家は国の所得補償を前提に、「良いものを作って輸出すべきだ」とし、関税がもともと低い野菜農家には「反対できない」との声もあった。

「譲れない一線」の公約を守ったとは言い難い

TPPを語るうえで押さえておかなければならないのが、2013年4月の衆参両院の農林水産委員会による国会決議だ。与野党間の交渉で「譲れない一線」の尺度ができたことは間違いない。

重要5農産物と言われる、コメ、麦、牛肉・豚肉、乳製品、甘味資源作物（砂糖、でんぷん）などの重要品目については、「引き続き再生産可能となるよう除外又は再協議の対象とする」「10年を超える期間をかけた段階的な関税撤廃を含め認めない」と明記している。

さらに続く。残留農薬・食品添加物の基準、遺伝子組み換え食品の表示義務などについて、食の安全・安心、食料の安定生産を損なわない。乱訴防止などを含まない、国の主権を損なうようなISDS条項には合意しない。聖域確保ができないと判断した場合、脱退も辞さない。交渉で収集した情報は、国会に速やかに報告するとともに、国民への十分な情報提供を行ない、国民的議論を行なう。

これを政府が厳密に守れば、TPPへの懸念は、一定程度、解消されたのかもしれない。ところが、実際は違った。

日本が参加した交渉は、2013年7月のマレーシアから始まり、大半の協議に北海道新聞社は記者を送り込んだ。守秘義務を楯に、内閣府の公式説明は「言えない」「知らない」の繰り返しだったが、情報源を駆使して交渉内容をニュースにしてきた。

大きな動きでは、2014年4月の安倍首相、オバマ大統領による日米首脳会談で牛肉、豚肉の関税大幅引き下げの流れができ、２０１５年夏には米国とオーストラリア向けのコメの輸入枠設置、10月の大筋合意を前に、乳製品の輸入枠設置や関税撤廃・引き下げと、さらなる譲歩があったようだ。その過程は、交渉で農業を切り売りしているように見えてならない。産地で懸念が強まったのは当然だ。

道内では、各団体の結束した動きが目を引いた。ＪＡ北海道中央会や北海道農民連盟、経済団体、消費者団体、医師会、労組などでつくる「ＴＰＰ問題を考える道民会議」（以降、道民会議）は、首相による交渉参加表明を前にした２０１３年３月４日に、共同会見を開いた。中央会の飛田稔章会長は、「北海道農業に壊滅的影響を与える」として参加に反対し、当時の高向巌・北海道商工会議所連合会会頭は「参加すれば農業も商工業も崩壊する」と懸念を示した。

道民会議は、２０１４年４月、２０１５年７月にも、国会決議を逸脱した譲歩や合意をしないことや情報開示を求めた。

こうした声にもかかわらず、政府は情報開示に消極的だった。２０１５年５月14日の社説は、「議員にも開示せぬのか」と異を唱えた。

米国政府は上下両院議員の理解を得ようと、情報漏れの場合の罰則規定などの制約を設けて、協定案を閲覧できるようにした。一方で、西村康稔内閣府副大臣は、協定案を国会議員に開示する方針を表明しながら、後日撤回。同社説は、「国民の代表である国会議員にさえ経緯を知らせないことは疑問だ」と訴えた。

ところで、情報開示を巡っては、２０１５年７月14日のＢＳ番組で、当時のＴＰＰ担当相の甘利明氏が、米国が日本に新設を求めた無関税のコメ輸入枠の規模について、具体的な数字を明かしている。政府の都合で情報が操作されていると見られても仕方ないだろう。

ＴＰＰ大筋合意で北海道農業は大打撃の予想

２０１５年10月５日、日本の交渉参加から２年余りを経て、ＴＰＰは大筋合意した。

６日、北海道新聞の朝刊１面には「コメに無関税枠、牛豚肉関税削減」「巨大経済圏　道内に影響」との見出しが躍った。２面は「メリットない、国会決議違反だ」の見出しで、生産者の声を掲載。社会面は「食の未来　期待、不安」として輸入品が安くなれば家計に追い風になる一方、「ホルモン剤を多用した肉や、遺伝子組み換え食品の輸入が増えるのでは」との懸念など、消費者の見方を伝えた。

農林水産品の関税は、品目全体の8割の撤廃が決まり、このうちコメなど重要5農産物でも、輸入実績の小さい品目など3割で撤廃、牛肉や豚肉の大幅引き下げが決まった。これは、国会決議に反する疑いが強い。

農産品の主な合意内容と想定される影響を並べてみよう。

〈コメ〉米国とオーストラリア向けに、コメの無税輸入枠を設置。発効13年目に計7万8400tにする。国内需要が減る中、供給過剰と価格下落を招く恐れがある。

〈牛肉〉現行の関税38・5%から発効16年目に9%へ引き下げる。輸入急増時に税率を上げられるセーフガードの発動条件が厳しくなった。輸入牛肉が国産の雄の乳用種と競合する恐れがある。

〈豚肉〉高価格帯の肉の関税4・3%を段階的に下げ、発効10年目に撤廃。低価格帯の高い関税も大幅に下がる。従来は高い価格と低い価格の肉を組み合わせて輸入されていたのが、安い価格帯で大量輸入される恐れがある。

〈大麦、小麦〉マークアップ（輸入差益）と呼ばれる事実上の関税を45%削減。流通価格の下落が見込まれ、農業予算を増やさなければ、国産が価格競争で不利になる。

〈乳製品〉バターと脱脂粉乳に輸入枠を新設。チェダー、ゴーダチーズなどは16年かけて関税を撤廃する。乳業メーカーによるプロセスチーズ生産で、国産原料の使用を条件に、輸入チーズの関税を無税にする「抱き合わせ制度」は機能しなくなり、国産利用が減る恐れがある。

以上の他に、後日、明らかになったことも含め、気がかりな内容がある。協定本文に「漸進的に関税を撤廃する」と明記されたことだ。さらに、協定発効7年目以降、米国、オーストラリア、ニュージーランドなど、農産品輸出で力のある5か国の要請があれば、日本が協議に応じなければならない規定が盛り込まれた。合わせて読めば、日本が残した関税が、新たな交渉次第では、ゼロに近づく恐れがあることが分かる。

大筋合意後、世界のGDPの4割を占める自由経済圏を標榜するTPPについて、安倍首相は「アジア太平洋の未来にとって大きな成果だ」と誇らしげに語った。また、「関税撤廃の圧力は極めて強かったが、例外を数多く確保できた」と、国会決議に反していないとの認識を示した。

確かに、即時、全品目の関税撤廃というような絶望的な内容ではない。

政府はコメの1kg341円という枠外税率を維持するなど、全体では影響が出ないようにしたと説明した。関税が残った農産品の品目率が他国はゼロから最高のカナダで5・9%なのに対し、日本は「19%の例外を残した」とも言う。しかし、誇れる内容なのだろうか。

相手は米国、オーストラリアなど広大な土地で農業を営む輸出国や、石油輸出国のブルネイ、物流拠点のシンガポールだったりする。いずれも、農産物の関税撤廃は、そう難しくないはずだ。これらの国と交渉したこと自体に無理があったし、日本が守った関税は将来、各国の標的になるはずだ。

ニュース面のルポは、各農家の懸念を伝えた。酪農家の場合、バターの輸入枠設置などで将来の生産が頭打ちになれば、離農につながりかねない。稲作農家は、コメの価格下落で野菜への転作が進めば、新たな産地間競争に巻き込まれる、と案じた。さらに、都会の住民にTPP肯定派が多いため、TPP対策で多額の国費が投じられたら、消費者の批判を受けないか、と懸念する声も出た。

農業が支える地域社会の明日が見えない

北海道新聞の社説は、TPP大筋合意を受け、通常の2本分の量のある「1本社説」を10月6、7日と2日連続で展開した。

1回目は「日本農業のあすが見えぬ」との見出しをつけた。「これで国益を守ったと言えるのか。米国に追従し、農業分野で譲歩を重ねた秘密交渉だった」と断じた。また、国会決議に反する疑いが強いことを指摘し、合意内容と影響の試算の公表、発効する場合の十分な対策を求めた。

TPPの恩恵として政府は、自動車部品の関税撤廃などを掲げたが、完成車については、米国が2・5%の関税をゼロにするのに25年もかかる問題を例示し、デメリットに対しメリットが少ない点に言及した。

ISDS条項については、国内の法規制を揺るがす恐れを指摘。国会に対し、国民生活や産業にもたらす影響、国会決議との整合性について、論議を尽くすよう求めた。

2回目の社説の見出しは「地域の地盤低下、防がねば」であった。

北海道では、「農業への打撃は地域の地盤沈下に直結する」と指摘。「安倍政権が掲げる地方創生に逆行する」とした。

約6000戸ある酪農家は、円安による輸入飼料の価格高騰や将来不安で、毎年200戸ペースで減っている。TPPがそれに拍車をかける恐れが強い。「協定が発効するにせよ、しないにせよ、農業の体質強化が必要だ」と論じた。

合意後、政府は2か月足らずで、農業を中心とするTPP対策をまとめた。

経営安定対策では、牛・豚肉の生産者への赤字補てん策の充実、バター・チーズ用などに限定している国の補給金の対象を、生クリームに拡大することなどを決めた。コメについては、輸入が増えた場合に、国産米を買い増して、備蓄用として需給調整を行なう。稲作や畑作では、生産者の設備投資を支援する「産地パワーアップ事業」の創設が盛り込まれた。

2015年度補正予算はTPP対策費として3403億円を計上し、9割を農林水産分野に向けた。裏を返せば、それだけの対策が必要なほど譲歩を重ねた合意内容だったと言える。

赤字補てん策や生クリームへの対応は、TPPの協議以前から農業団体が求めていた対策だ。7年後の再協議規定をはじめ、関税ゼロに向かうTPPの本質を考えれば、財政負担で帳尻を合わせても、将来にわたって農業を支え続けられるのかは不透明だ。

どこかおかしいTPPのコメへの影響ゼロ予想

ところで、不思議なのは、TPPの交渉開始前から反対運動を続けてきた農業団体が、大筋合意前後から、静まり返ったことである。

政府・与党がTPP対策の検討を始めると、むしろ政策を要望する立場に転じた。大規模集会を開いて反対運動を繰り返した全国農業協同組合中央会（JA全中）などに政権が業を煮やし、「農協改革」の名の下に組織の弱体化を図ったことと無縁ではない。

2015年12月に政府が示した影響試算は、農業対策実施を前提にするなどお手盛りの数字で、客観性を欠くものだった。

ＴＰＰ協定の最終状況として、日本のＧＤＰを２・59％、年13・６兆円押し上げるとした。ちなみに米国国際貿易委員会（ＩＴＣ）の試算で、２０３２年までの米国のＧＤＰの押し上げ効果は、わずか０・15％である。単純比較はできないが、日本は楽観的だと言わざるを得ない。農林水産物への影響も、33品目の生産量は減らないとし、食料自給率39％も維持されると見込んだ。ただ、安い輸入品の流入に伴う価格下落は考慮し、生産減少額は、２０１３年の試算の10分の１未満の１３００億～２１００億円とした。

これも影響額の少なさに、生産者から疑問が出た。

特に「おかしい」と見られたのは、コメの生産量も額も影響ゼロとしたことだ。米国などに対する無税輸入枠が新設されるため、国は国産米を備蓄用に買い上げて需給調整を行なう方針だ。とは言え、安い輸入米の流入は、国内価格を押し下げる要因になるだろう。

北海道も２０１６年２月に、新たな影響試算をまとめた。農林水産物の生産減少額は４０２億円～５９８億円。政府の計算に沿ったもので、コメの影響は政府にならってゼロとした。また、前回のような関連産業の影響分析はしなかった。

これに対して２０１６年２月19日の北海道新聞の社説は、「地域の意見を十分に聞いたうえで、試算をやり直すべきだ」と指摘している。

ＴＰＰの焦点は国会の議論に移る。

４月21日の社説は、通常国会での承認先送りを受けて、「一から議論をやり直せ」の見出しで、審議で浮き彫りになったＴＰＰの極端な秘密体質に触れた。交渉の経緯について政府が野党に示した記録は、ほとんど黒塗りだったことや、日本が２０１３年の交渉参加時に各国と交わした「秘密保持契約」の内容すら伏せた対応に言及した。

２０１６年７月の参院選を前にした社説の見出しは、「問題見極め議論尽くせ」とうたい、協定の問題の多さを指摘したうえで、各党に対して、選挙戦で長所・短所を深掘りして有権者に選択肢を示すよう求めた。

与党は、参院選の公約で、ＴＰＰ対策を講じれば農業の発展を図れるというが、そうなのか。再協議の問題もあり、「将来にわたって農業を守ることができるとは言い切れまい」と指摘した。大筋合意について、聖域が守られていないと反対する民進党には、「TPP自体の評価を避けている」と論評した。

TPPは社会のあり方を問うている

そして、国会承認後の2016年12月10日の北海道新聞の社説の見出しは、「交渉の基盤にはならぬ」であった。

この時点で、TPP脱退を主張するトランプ氏が、米国の次期大統領になることが決まっていた。協定は発効条件を、GDP総額の85％以上の国による承認と定めたため、米国抜きで発効はしない。それなのに、なぜ国会承認を急ぐのか、と疑問を呈した。

国会承認によって、農産品の大幅関税引き下げなどの不利な合意内容が、日本とEUの経済連携協定（EPA）交渉、将来始まるかもしれない日米2か国間の自由貿易協定の交渉の土台になりかねない懸念を指摘した。食料生産や国民の生活を守りながら、貿易や投資のルールをどう定めるか。「政府は、公開の場で議論を進めるべきだ」と主張した。

最後に、北海道新聞の記事を読んだ読者の反応に触れたい。投書欄にはTPPへの批判や懸念が多数、寄せられた。

交渉中は、秘密体質の政府への批判が相次いだ。大筋合意後は、「米国に追従し、農業分野で譲歩を重ねた秘密交渉だった」との社説のくだりを引用して「国民無視になるのでは」と指摘したり、強行採決をはじめ政府・与党の姿勢を疑問視したりする声が目立った。TPPで安い輸入品が入る恩恵よりも、「北海道にとっての地産地消を大切にしたい」と消費者の思いを表した意見もあった。

TPPは社会のあり方そのものを問うている。世界展開する大企業に有利なルールが、地方の多様な産業や生活、文化を奪ってしまう恐れはないか。

TPPを身近で切実な問題として考えられるのは地方に違いない。農業や漁業、林業という基幹産業があり、それなしに地域社会は成り立たないからだ。今後も、現場目線で発信し続けたい。

（もりかわ じゅん）

《TPP》

国民の理解を置き去りにするTPP交渉
「小さな農業」を守ってこそ地域が成り立つ

高知新聞社　論説委員　中河孝博

TPPは国の形を変えるのか?

高知県土佐郡土佐町。四国のちょうど「おへそ」の位置に当たる。高知市から高速道路を使えば1時間余り。「四国三郎」と呼ばれる吉野川の源流域で、四国山地に抱かれた人口約4000人の過疎の町だ。この土佐町の役場のある中心部から車で15分ほど行くと高須地区がある。カーブの多い山道を上がっていくと、急に視界が開け、そこには手入れの行き届いた棚田が広がる。

幾重にも連なる畦の見事な曲線は、まるで仏像の流れるような衣の裾を思わせる。秋、豊かに実った稲穂がこうべを垂れて揺れる。天と地を結ぶ「黄金色の階段」である。棚田の光景は美しい。昼夜の寒暖差を生かして作る、ここの棚田米の品質も高い。棚田米は、「相川米」のブランドで消費者に好評だ。「国の形が変わる」ほどの影響が想定され、賛否を巡り国論を二分した環太平洋連携協定（TPP）。これが発効すれば、安い輸入米が従来よりも増える。そのとき、中山間の棚田米は、小規模な栽培農家は、生き残れるのか。地方に暮らす私たちの切実な問いに、国は最後まで明快な答えを示すことはなかった。

交渉内容の秘密主義は民主主義に反する

ＴＰＰは、２０１５年秋に、参加12か国で大筋合意した。だが、核となるはずだった米国で、２０１７年1月、トランプ新大統領が誕生し、就任直後にＴＰＰ脱退を表明したことから、発効は不可能となった。トランプ氏はＴＰＰの代わりに、日米など2国間の自由貿易協定の締結に前向きといわれる。日本は欧州連合（ＥＵ）などとも、同様の協定の交渉を進めている。ＴＰＰは頓挫したとしても、貿易の自由化交渉はこれからも続いていくだろう。

私たちの新聞社は、「貿易の自由化」自体に反対はしていない。

戦後の国際社会は、人類に多大な惨禍をもたらした第2次世界大戦への反省から出発している。その一つが世界貿易のあり方で、大恐慌後の高関税による保護貿易主義が貿易量の減少、ひいては不況の長期化を招き、それが大戦の遠因につながった。だからこそ、多角的で自由な貿易ルールは重要だと考える。日本が貿易立国である以上、この大原則が揺らぐことはないだろう。具体的には、関税などの貿易障壁を削減・撤廃する方向が打ち出され、それは現在の世界貿易機関（ＷＴＯ）にも引き継がれている。

ＴＰＰもそうした流れの一環に位置付けられる。ただし、農産物の関税問題だけが焦点ではない。公共事業の入札条件や食品の安全基準、医療制度の規制緩和、金融サービスや投資など幅広い分野に及び、国民生活のさまざまな場面に関わってくる。この複雑な協定の内容を国民一人ひとりが理解し、是非を判断できるようになるためには、何より十二分な情報開示が不可欠だ。

当初、国内農業への深刻な打撃を訴え、ＴＰＰ交渉への参加自体に反対する意見は、高知県内にも少なくなかった。しかし、高知新聞は社説で、「まずは交渉に参加して自由化のルールづくりに日本の要望を反映させる、そんな選択肢も考えるべきだ」と主張した。

交渉参加と協定参加とは違う。国益に反すると判断すれば、協定を結ぶ必要はない。求められるのは、正確な情報に基づく冷静な判断を、国民が下せるようにすることだ。そのために、政府には、交渉に入った後、可能な限り情報を国民に提示するよう求めた。だが、それもＴＰＰの秘密主義の壁に阻まれた。参加各国には、交渉内容に関する厳しい守秘義務が課された。分野ごとの合意事項や各国の主張などを記す協定案も、一部の閣僚や官僚しか見ることができない。徹底した密室交渉だった。

TPP大筋合意後も、政府はまず、コメや豚肉、牛肉など「重要5項目」の関税が、厳しい交渉の中でいかに守られたかなどメリットを強調した。その後に、約400品目の農産物、ほとんどの水産物の関税が撤廃されることが明らかにされるなど、政府は情報の小出しに終始した。昨年のTPP承認案の国会審議の際、米国の脱退の意向で発効が見通せず、各種世論調査でも性急なTPPの成立には反対の世論が根強かった。にもかかわらず、衆院で採決を強行するなど、政府はTPPを強引に成立させている。

これでは、一部の政府関係者だけで協議を進めた揚げ句、ろくに説明しないまま結論だけを国民の前にポンと投げ出し、同意を求めるようなものである。交渉段階で、当事者が率直に議論を交わすため、一定の秘密保持が必要なのは分からないでもない。しかし、これほどまでも徹底して情報開示できないというのでは、TPPは「異常な契約」と言わざるを得ない。主役の国民を蚊帳の外に置き続けるのであれば、TPPのルールは民主主義に反していよう。

TPP対策の農業政策では小規模農家の未来が見えない

TPPの問題点を農業に絞って、もう少し考えてみたい。

安倍政権は、TPPによる影響が大きい農林水産業の分野でも、海外への輸出拡大など「攻めの農業」への転換を強調する。確かに長期的に人口減少が想定される国内から、消費意欲が活発な新興国など海外市場に打って出る必要性は否定しない。だが、現実には農林水産業の保護策という「守り」の姿勢が目立つ。

農産品の「重要5項目」のうち約3割は、関税が撤廃される。豚肉の高級部位はTPP発効から10年目に撤廃。安い部位や牛肉の関税も、時間をかけて大幅に引き下げられる。この結果、農林水産省は、国内産の牛、豚肉や乳製品は、安い外国産の値段に連動して「長期的に価格下落も懸念される」と見る。

そこで、コスト割れした畜産農家の所得の補塡率を、8割から9割へ引き上げる。また、影響緩和策の事業主体となる基金への国の拠出割合も、現行の2分の1から4分の3へ引き上げる。コメは米国産などの輸入枠を設けることで大筋合意しているが、国内価格を下支えするため、輸入枠と同量の国産米を政府備蓄米として新たに買い上げる。

これだけでは良くて現状維持であり、TPPの荒波に耐えられる保証はないだろう。では「攻めの農業」へ、どうやって転換させるのか。政府が一貫して言い続けているのは、農業の大規模化を図り、農産物のブランド化を進めて輸出拡大につなげるという戦略だ。しかしここにこそ、私たちがTPPに抱く最も大きな疑問と不信が根差している。

冒頭で紹介した土佐町高須の棚田を見てみよう。沢田健次さん（75歳）、智恵さん（71歳）夫妻は、先祖伝来の15aの棚田で良質の相川米を栽培してきた。それとともに、高知県特産の肉用牛である土佐褐毛牛の繁殖農家でもある。現在、母牛を4頭飼育しており、生まれた子牛を8～9か月育てて競りに出す。

水田からは稲わらと野草を採り、牛の餌などに活用する。牛のふんは水田に戻して肥やしにしている。自然とともに生きる循環型農業を家族で営んできた。こうした中山間の農家にとって、規模を拡大することは、とても難しい。

土佐褐毛牛は明治時代、農耕用に導入された朝鮮牛がルーツである。市場で主流の黒毛和牛と違って、名前の通り褐色の毛並みが特徴だ。改良を重ねて、サシ（脂肪）の少ない赤身の肉のうま味を引き出した。近年、「土佐あかうし」の名で人気も高まってきているが道のりは険しかった。

1991年の牛肉輸入自由化を機に、外国牛との差別化を図るため、全国の農家ではサシが多い黒毛和牛の霜降り肉への志向が強まった。市場もサシを重視した価格が付くようになり、土佐あかうしには大きな打撃となる。その後、牛海綿状脳症（BSE）による消費低迷もあった。危機感が強まる中、県と生産者が2009年からブランド化に乗り出し、地道にPRに努めた結果、脂肪の少ないヘルシーさが消費者に評価され始めた。飽和状態にある黒毛和牛より希少価値のある牛として、ようやく黒牛との価格差が縮まるところまできている。

それだけに、TPPによる牛肉関税の段階的引き下げや、外国産牛肉の輸入増加は心配の種だった。TP

P頓挫は「朗報」ではあろうが、智恵さんの表情から懸念の色は消えていなかった。安い輸入牛肉が増えても値崩れしないのは一部の高級和牛で、それ以外は、輸入物に置き換わる可能性が指摘されている。高知県は、「ブランド力がつき人気のある土佐あかうしの価格は下落しない」と、独自の見立てをしているのだが……。「本当にそうであればうれしいんですけれど。TPPのような自由貿易の交渉は、これからもあるでしょう。私たちのような小規模な稲作、畜産農家がこれから先、子や孫の世代まで生き残っていけるかどうか」。

安倍政権は農家の経営規模の拡大や農産物の輸出拡大を奨励する。「食べていける農業」「儲かる農業」への脱皮だ。農業を成長産業に育てるという政策は、もちろんあっていい。しかし一方で、沢田さん夫妻のように、過疎の中山間に踏みとどまって暮らしている農家はどうか。散在する棚田を、一枚の田にまとめることはできない。人を雇って企業的経営を行なうわけでもない。家族が助け合って先祖伝来の田を守り、家畜を家族同様にかわいがって育てていく。

儲かる農業も目指したい。だが、それ以上に美しい棚田の景観や保水機能を維持しながら、地域で暮らし続けることに意味を見いだす。そのために営む農業である。

小規模な家族経営の農家の未来をどうするのか。TPP対策として経営規模の拡大や効率化を進める安倍政権の農業政策には、そこがすっぽり抜け落ちているように思えてならない。

重い過去の「失政」を思い出させるTPPの農業への影響

高知県は、県土の面積に占める森林の割合が84%と、全国一を誇る森林県でもある。以前、弊社の同僚記者からこんな話を聞いた。

1965年に、この同僚が生まれたとき、両親は誕生祝いの意味合いも込めて、持ち山にスギとヒノキの苗を約3000本植えてくれたという。30～40年たてば木は、飛ぶように売れる。その収益を子や孫の学費や結婚費用などに充てることもできるだろう。そう考えてのことだった。わが子の年齢と同じ数の年輪を刻みながら成長するスギやヒノキ。それは文字通り、親御さんにとっての生きがいとなったことだろう。こうした営みは、かつては多くの林家で見られたのではなかったか。

しかし、この同僚の実家のスギやヒノキが、儲けを生み出すことはなかった。１９６４年、外材の輸入が全面自由化されたからだ。安い外材に押されて、国産材が「飛ぶように売れる時代」は急速に終わりに向かっていたのである。

それ以前、戦後の復興期から高度経済成長の時代にかけて、木材需要は一気に高まった。同時に木材の価格も上昇する。需要を見越して昭和30年代には、拡大造林策が全国でとられた。天然林に代わって、成長の速いスギやヒノキの植林が、政府によって奨励された。木材が足りない。もっともっと木を切れ、切った跡は植林せよ。植林すればするだけ将来儲かる。政府は、そう旗を振る一方で、外材輸入への扉を開いた。外材輸入には木材の供給量を増やし、材価を抑える狙いがあったにせよ、国のちぐはぐな政策は、「戦後林政の失敗」と言われても仕方あるまい。

顧みられなくなった山では間伐が進まず、隙間なく植えられたスギは、ひょろひょろと伸びて「線香林」となる。森は薄暗くなって下草は生えず、大雨が降れば土砂は簡単に流れる。現在、大きな問題となっている山の荒れも、原因をたどっていけば、林業の「失政」に行き着く。こうした結果を招いたことに対して、国がしっかり総括し、反省したようには見えない。国への不信は木材だけにとどまらない。高知県の園芸作物の主力の一つであるショウガしかりである。木炭やシイタケもそうであった。市場開放によって、値崩れしたり、生産が低迷したりした農産物や加工品は少なくない。

ＴＰＰに関して農業関係者を中心に慎重な意見がなくならないのは、過去の「苦い経験」があるからだ。だからこそ政府・与党は、国会審議に十分な時間をかけて、個々の農林水産物にどんな影響があるかを、ていねいに説明しなければならなかった。

ところが実際はそうなっていない。

農林水産省がＴＰＰの影響を分析した文書を見てみよう。最も影響を受けると想定される牛肉や豚肉、乳製品で、「長期的には価格下落も懸念される」との見解が示されているものの、多くの品目は「特段の影響は見込みがたい」「影響は限定的」と、判で押したような言葉が連ねられている。いずれも、国内外の価格差や輸入実績など一定のデータは示しているが、単一品目を単純に評価したにすぎない。肉類の価格が下がった場合、食卓で競合する水産物の消費が減りはしないか。他品目との需要の食い合いまで含めた消費動向を、幅広く捉えた分析とはなっていない。

高知県の主力品目であるピーマンは、「影響は限定的」としながら、TPP参加国のニュージーランドからの輸入が増える場合など、輸入相手国の変化によっては「価格下落も懸念される」とする。要は発効してみなければ分からないというのが、本当のところではないのか。にもかかわらず「影響は限定的」と過小評価する姿勢に、違和感を禁じ得ない。

政府はTPPが発効すれば、実質国内総生産（GDP）を約13兆6000億円押し上げる経済効果があるとも試算している。半面、影響が懸念される農林水産分野の国内生産額は、最大で2100億円の減少にとどまると見る。コメへの影響は「ゼロ」との見解だ。

これも、企業がTPPを最大限活用し、政府の国内対策も適切に機能するという、推進側に都合の良い前提ではじき出した試算だ。東大大学院の鈴木宣弘教授が指摘するように、「影響がないよう対策をとるから影響がない」と言っているに等しい。

多くの国民が抱いている疑問や懸念を解消するよう努めるべき政治が、説明責任を果たさない。それは、高知県選出の衆議院議員である山本有二農相の場合が象徴的だった。同僚議員のパーティーの席上、TPP承認案の強行採決も選択肢と取れる軽口をたたいた。舌の根も乾かないうちにそれを冗談とちゃかしたうえ、「JAの方は農林水産省に来れば何か良いことがあるかもしれない」と、利益誘導さえにおわせた。

「こう見えても農林水産業の現場を知っている」と自負していた山本農相である。その言葉とは裏腹に、農家の不安を一顧だにしないような発言を繰り返し、国会審議を滞らせ、農政不信に拍車を掛けた。その責任は極めて重い。

TPPの未来が地域崩壊なら自由貿易が大切でも賛同できない

「農林業センサス」から見える高知県の現状は厳しい。一定の金額を稼ぐ「販売農家」の平均年齢は1995年の58・6歳から2015年は65歳になった。同じ20年間で、農業人口は半減し約2万7000人に。耕地面積も２００５年の２万８９００haから10年間で約８００ha減った。高齢化した農家から農地を借りて集積し、担い手に貸し出す事業も行なわれているが、２０１４、２０１５年度で計２１１haと目標の２割にとどまっている。

農地の集約と規模拡大を促す国の方針からすれば、高知県は「落ちこぼれ」である。ただし、それは高知県に限った話ではないだろう。農家の高齢化が進み、耕作放棄地が増える。農地の集約も期待ほどには進展しない――。こうした状況は、中山間の多い地方に共通する「現実」である。では、そんな中山間は「お荷物」なのか。決してそんなことはない。

昨年、コメのおいしさを数値化して競う２つの全国大会で、高知県内の３市町産のコメが日本一に輝いた。そのうちの一つ「土佐天空の郷《さと》」（品種＝にこまる）は、土佐町の隣町、本山町の棚田米である。条件不利地ではあるものの、海洋深層水のにがりを使って栽培するなどの工夫を凝らしてきた。県内の狭い地域限定で栽培される「ローカル米」が、近年、全国大会で「入賞常連組」になりつつある。東北や北陸などの米どころのコメと比べて食味に劣る、とされた時代からは隔世の感がする。高齢化や後継者不足に悩まされながらも、集落営農組織を立ち上げるなどして栽培を続けてきた、その努力のたまものである。

「ＴＰＰを機に日本の農業こそ積極的に海外に打って出るべきだ」「零細兼業農家の農地を主業農家に集めて規模を拡大し、経営効率化を図る」。永田町や霞が関の政治家や官僚が声高に訴えるこうした主張は、確かに正論かもしれない。しかし、それはあくまでも「机上の正論」であろう。一枚一枚棚田を耕し、大量生産はできなくても良質のコメを作り続ける。そうした家族経営の「小さな農業」も、将来にわたって営むことができるようにする。国はそのための施策にもっと力を入れるべきだ。

小規模農家の経営が破綻し、別の生活の糧を求めて離農・離郷を余儀なくされる――。ＴＰＰがもたらす未来が地域の崩壊であるなら、いくら自由貿易の推進が大切と言われても賛同することはできない。ＴＰＰに代わる自由貿易協定の交渉をするにしても、地方の農業の持続可能性がしっかり担保されなければならない。同時に国会などで時間をかけて慎重に審議し、国民の理解を得ることが大前提だ。

小さい農家がいる限り地域は消滅などしない

ビロードのような茶色の毛並みが美しい土佐あかうし。くりっとした大きな瞳は吸い込まれそうなほど黒い。その縁にはアイラインのような線がきりっと引かれ、長いまつげも愛らしい。飼い主が帰宅すると、その車の音を聞き分け餌をねだって鳴くという。

「おしゃれな牛でしょ。賢くて性格も穏やかなんですよ」

土佐町高須の繁殖農家、沢田智恵さんの牛舎。あかうしの世話をしながら、沢田さんはそう言って目を細めた。牛への愛情と繁殖農家としての誇りを、彼女は自作の「愛牛かるた」に綴っている。

「あ」愛牛がありがとうと行くうしろ姿、高く売れてとセリの朝

「う」牛飼いは私の生きがい、牛飼い話にゃ花が咲く

「か」学資、結婚資金にと働いてくれた牛はわが家の宝物

「こ」転んでは起き、転んでは起き、今しがた生まれし子牛が大地に立つ

「牛とおんなじ。転んでも起きようとその土地で踏ん張るしかない。消費者は見てくれゆうと思います」

農産物の市場開放やBSEを乗り越えて、おいしいコメや牛肉を作り続ける。沢田さんのような農家がいる限り、地域は消滅などしない。そのことを忘れずに、地域の実情を踏まえない国の政策にはこれからも、「ノー」の声を上げていかなければならない。

（なかがわ　たかひろ）

《TPP》

ゼニカネの話が全てになってはいないか？ TPPは都市部を含めたみんなの問題

熊本日日新聞社　編集委員　毛利聖一

「TPPおばけ」の本質を明らかにしたい

TPP企画「国のかたち　地方の姿」に取り組んだのは2013年から2014年であった。「TPPおばけ」の本質を少しでも明らかにし、読者に議論の材料を提供したい、という取材現場の思いが原点だった。

TPPおばけとは2011年、当時、政権与党だった民主党の前原誠司氏が発した言葉である。TPP交渉参加への反対論に対し、「事実に基づかない恐怖感がある」とやゆしたものだ。その後も幾度となくこの言葉は現われることになる。

TPPに関するニュースが続く中、関係各界の反応やコメントが連日、本紙にも掲載された。しかし、地元での受け止めを取材する過程において、議論の前提であるTPPの内容は、ぼんやりとしてつかみどころがない。期待や不安の声を報じることに隔靴掻痒の感があった。

私は政経部の経済担当デスクを務めていたが、安倍晋三首相がTPP推進と並行して打ち出した農業の所得倍増や競争力強化の政策は、「机上の空論」としか思えなかった。一定の規模や耕作条件の整った地域はともかく、そうした競争力強化に対応できるモデル的な農地が、国内にどれほど存在するだろうか。例えば、稲作を考えたとき、収量的には大規模農家が支えているが、農家数では小規模の兼業農家が大半を占め、多くは中山間地にある。

そんな実態で、正体不明のＴＰＰが突如として現われれば、不安が募るのは当然だろう。おばけの正体を解明すれば、果たして不安は解消できるのか、暗中模索の中で企画がスタートした。

企画は、インタビューと現場ルポを軸に、節目ごとに読者参加型のシンポジウムを開催し、読者から募った意見を紙面に打ち返す形で展開していった。特に意識したのは、経済的な損得のみを切り取るのではなく、ＴＰＰというグローバル化が及ぼすであろう各分野への影響を想像しながら、現場の姿を描くことであった。政府が公表したＴＰＰによる影響試算では、産業ごとのプラス、マイナスが具体的金額で示されたが、その足し算や引き算を眺めていても何も見えてはこない。実際に影響を被るのは一人ひとりの人間であり、国を形づくる地方である。

本来、ＴＰＰというテーマは、われわれの暮らしに直結するにも関わらず、マクロ的な得失ばかりに焦点があたり、どこか遠いところで議論されている感が強かった。その議論を何とか引き寄せたい、との思いで取り組んだのが、企画「国のかたち　地方の姿」だった。

企画の本格的な検討に着手したのは、安倍首相がＴＰＰ交渉参加を正式表明したころだった。当初、編集局におけるＴＰＰ報道の中心は政経部だったが、ＴＰＰのテーマは多岐に及ぶため、社会部や文化生活部などにも企画会議に入ってもらった。しかし、地方紙が正面からぶつかるテーマとして、ＴＰＰは巨大であり、重かった。交渉分野は経済に限らず医療や社会保障、労働、知的財産など幅広い。ＴＰＰ報道にどう向き合い、展開していくか。議論はなかなか進まず、企画に賛同してくれる記者も、決して多いとはいえなかった。

一方、記者自身がＴＰＰをよく分かっていないのであれば、まずは自分たちが理解しなければ始まらない。そんな開き直りにも似た気持ちもあった。地方では、農業分野をはじめ、どちらかといえばＴＰＰに反対・慎重の立場をとる報道が多くなりがちである。そこで、企画では賛成、反対、どちらの立場にも偏ることなく、できる限り中立のスタンスをとることを確認して、取材班は走り出した。

あえて地域各界の意見を聞く
――インタビュー「こう見る」

「TPPこう見る」と題したインタビューシリーズは、その名の通り、各界の代表者や識者らにTPPへの見方や考えをそのまま語ってもらう企画だ。当時、共同通信からも同様のインタビュー記事などの配信があったが、より読者に関心を持ってもらうため、取材対象者は原則として、九州内とした。本来、TPPという大きなテーマを論じるにあたり、対象を一定の地域に絞り込むのは適切ではないのかもしれない。しかし、あくまで熊日としてのインタビュー企画であり、地域の実情を知る人にこだわった。

インタビューしたのは、熊本県の蒲島郁夫知事をトップバッターに、経済、農林業、消費者、医療、法曹、労働といった各団体の代表をはじめ、社会学、食の安全、知的財産など、TPPの論点となっていた分野に関わる有識者らであった。それぞれの立場を踏まえたTPPへの率直な考えや賛否の理由、今後の対応などを聞き、約1年間にわたり掲載した。

大別すれば、グローバル化の進展をチャンスと捉える経済界に対し、低価格農産物の輸入増を懸念して、慎重論を説く農業界という意見が目立った。ただし、賛否に関わらず、ほぼ全員が「議論や情報提供の不十分さ」を指摘し、TPPに賛成の立場をとる経済界からも、農業分野などの国益については、慎重な議論を求める声が目立った。インタビューでも触れたが、これまで農業と縁遠かった九州で最も力のある経済団体、九州経済連合会（歴代の電力会社トップが代表を多く務めてきた）が農業団体や農家と連携し、販路拡大などの具体的支援に動き出したのも、これまでにない新しい動きだった。もっとも、経済界の動きに関しては、ただのポーズかどうか、今後も継続性や具体的な成果を注視していく必要はあるが……。

食の安全に関する識者インタビューでは、「そもそも日本の食の基準が厳しいとは一概に言えないのではないか」として、「外国産＝危険」と捉えがちなマスコミへの疑問も呈された。食の安全性については消費者の関心も高いテーマだけに、あらためて足元の認識を考えさせられる内容だった。インタビューは計19回に及んだが、経済分野に限らず、地方からグローバル化を考える意味で、新たな人材の発掘にもつながった。

日本が7月に参加する環太平洋連携協定（TPP）交渉。これまでの貿易協定とは異なる幅広い分野の交渉となるが、情報は乏しく、暮らしへの影響などは分かりにくいのが実情だ。交渉のポイントは。政府は国益を守れるのか。TPPに一家言を持つさまざまな人々にインタビューし、理解の突破口としたい。

TPP こう見る

国のかたち 地方の姿

蒲島 郁夫 知事

自由貿易と農業再生 両立を

自身の農業への思いや農業の展望などを示しながら、TPP交渉について語る蒲島郁夫知事＝県庁（小野宏明）

—日本はTPPに参加すべきですか。

「日本は貿易立国だから、自由貿易体制は不可欠というのが大前提だ。しかし、農業県の知事として、農業の将来ビジョンが示されないままに参加することは認められない」

—将来ビジョンとは何を指しますか。

「経済的な余裕や誇り、夢を農業者にもたらす手段を含む将来像だ。当然、財政的な裏付けもセットだ。具体的には、ブランド化による農産物の価格上昇、農地集積によるコスト削減といった『もうかる農業』の施策を提示してほしい。熊本にあるような豊富な地下水、美しい農村景観を育んでいる農業の多面性にも感謝すべきで、その対価を支払う仕組みづくりも不可欠だ。多面性の評価が農家の誇りや夢に結び付く」

—自民党はそうした観点で動きだした。安倍政権が具体的に打ち出せば、TPP参加に賛成するのですね。

「まだ姿が見えず、分析できない。熊本に100社ほどある自動車産業関連会社にとっては、関税撤廃を目指すTPP参加はプラスだろう。一方で、農家は、大規模農業の外国に国際競争力で劣ると不安を募らせている。自由貿易体制の中で、農業の再生をいかに図るか。（相互が利益を得る）ウインウインの関係の構築が必要だ」

—自由貿易体制を重視する理由は。

「日本がここまで繁栄したのは貿易によるものが大きいからだ。自動車の技術力は米国が先行していたが、米国に輸出するため日本はレベルアップした。貿易立国としての姿勢が、将来の繁栄にもつながる」

「ただ、農業も同じように大事だ。今後、食料の重要性はもっと高まってくる。消費が増えた中国は輸出国から輸入国になるし、地球温暖化を含め、天候がどうなるか読めないからだ」

—農業以外にTPPで懸念する分野はありますか。

「全国民が保険料を払う代わりに安い診療代で治療を受けられる『国民皆保険制度』が守られるかどうかだ。米国のように、お金持ちだけが良い医療を受けられる不平等な制度は、受け入れられない。日本国内の高い食の安全基準も揺るがせてはいけない。ただ、これらの分野の情報は、ほとんど出されていない。政府に情報の提供を求めていく」

（潮崎知博）

2013.5.29

＝随時掲載

2013年5月29日朝刊

自社にはプラスでも地域にはマイナス
――ルポ企画「現場から」

インタビュー企画と同時並行で進めたのが、TPPというグローバル化に密接に関連する製造業や、負の影響を最も被るであろう農業を中心とした現場ルポである。日本がTPP交渉に参加した2013年7月にスタートさせた。

取材班が第1回に選んだ題材は、食品産業の現場だった。読者にとって最も身近に感じることができるテーマになり得ると考えたからだ。

ところが、取材は初っぱなから壁にぶち当たった。外食・中食の大手チェーン数社に取材を申し込んだのだが、いずれも「お断わりします」との回答であった。「食材や原材料がどこから来ているか」ということを、積極的に発信することを避けているように見えた。

価格競争が激化する外食・中食業界では、当然ながら、肉など食材の多くを外国産に頼っている。過去、輸入冷凍品などの安全性が問題になったことや、食材の偽装表示などが相次ぎ、業界が神経質になっていたことも背景にあるのかもしれない。しかし、現場で感じた取材の壁は、輸入食材への負のイメージを業界自らが感じていた証左ではなかったか。

最終的に地元の大手弁当チェーンが取材に応じてくれたが、あらためて感じたのは、食の世界におけるグローバル化の進展だった。ふだん、どれほど地産地消など地元農産物にこだわっていても、外食や弁当などの総菜を利用しない人はほとんどいないだろう。むしろ、ライフスタイルの変化に応じて、年齢を問わず、外食・中食の利用は高まっており、加工品となればなおさらだ。われわれの食は、まさにグローバル化に深

ルポ企画「TPP現場から」
(2013年7月～2014年7月)

「阿蘇百姓村」山口力男さんは語る
食材グローバル化の現実
農村支える住民の公役、庄地区から
手ごわい韓国農業、県内農家の視察
農林族、板挟みの地元行脚
コメ政策㊤場当たり農政「たまらない」
コメ政策㊦避けられない競争力強化
県内メーカーASEANへ　ボーダーレス競争
農政支える地域組織の苦悩
奄美ルポ㊤「島の景気サトウキビ次第」
奄美ルポ㊦「生き残りへ」
牛飼いの思い、海外圧力「またか」
国際競争あえぐ林業「誇りあるが…」
老舗焼酎、商標権めぐり火種
農村社会学者、徳野教授は語る
改革模索する農協㊤
改革模索する農協㊦

TPP現場から

国のかたち 地方の姿

3 随時掲載

年内の大筋合意を目指し、交渉が加速する環太平洋連携協定（TPP）。日本の主張が認められなければ、高齢化・過疎化などの課題を抱える農村は一気に衰退するとの指摘もある。県内にある農業集落は約4200。シリーズ「TPP現場から」の3回目は、どうすれば農村の姿を次の世代に引き継げるか、模索する農業集落を訪ねた。（太路秀紀）

山鹿市鹿本町 庄地区

農村支える 住民の「公役」

東の空に浮かぶ雲が朱に染まり始めた。水田では、収穫を待つ稲穂がこうべを垂れる。

14日午前6時、山鹿市鹿本町の庄《しょう》地区。山鹿市役所の7キロ東にある平たんな水田地帯だ。東西約1キロ、南北約2キロ。「鹿本町史」によると、碁盤の目状に並ぶ水田や水路は千年以上前の律令制時代の区画整理に由来する。

「リーン、リーン」。水路を流れる水の音に、虫の声が重なった。農業が持つ多面的機能の一つに「美しい景観」が挙げられるが、この風景を見ていると納得できる。

この日は土曜日。早朝から草刈り機を担いだ住民たちが、地区内5カ所に集まってきた。年3回行われる水路や河川敷の草刈り。農家だけでなく全世帯から1人ずつが参加する「公役《くやく》」だ。

38歳の記者も軍手をはめ「手伝います」と申し出たが、草刈り機を使ったことがないと話すと野中隆弘区長(70)から「危ないから見るだけにして」とやんわりと断られた。

約140戸、410人が暮らす庄地区は、65歳以上の高齢者が約160人と住民の4割近く。5年後には半数を超えるが、野中区長は「周りの集落に比べれば戸数も多く、公役にも多くの住民が出てきてくれる」。

作業が始まると、住民たちは打ち合わせをすることもなく自然に間隔をとり、草刈り機を左右に操り、慣れた手つきで刈り始めた。

集まった住民は男性が中心だが女性の姿もあった。夫は他界、2人の娘は独立し、野菜を作りながら独りで暮らす横田逸子さん(74)も鎌を手に参加。「家のことも独りでできるのだから出てこないとね」

草刈り機を使って除草作業をする庄地区の住民たち。原則、各戸1人が参加する区を挙げての作業だ＝山鹿市鹿本町

庄地区の公役は草刈り以外にも害虫駆除のための2月の野焼き、4月の井手さらい（水路掃除）がある。参加者には数年前から国の政策で手当が出るようになったが、1時間当たり数百円だ。

若手を見つけたので声をかけた。隣の菊池市役所に勤める野中英樹さん(38)。「庄では50代でも若手で、自分は〝超若手〟。草刈りは地区を維持するのに必要だが、10年後もできるのか不安です」

住民の高齢化が今以上に進み、公役ができなくなれば、草が伸び害虫が集まり、集落が荒れてしまう。耕作放棄地も増える―。

そうなってからでは遅い。庄地区でことし、地域を守る新たな取り組みが始まった。

3面に続く

2013年9月22日朝刊

く関わっている。にも関わらず、そのことを意識し、関心を持つ消費者は少ないように感じられる。今回取材した地場企業の経営者は、輸入食材の価格低下につながるという観点からＴＰＰに賛成だったが、地域の農家に与える影響を考慮し、声高には賛成を言明していなかった。そこには農業県という熊本の地域事情に加え、コスト面と安全・安心という消費者ニーズの間で揺れる食品業界の事情が垣間見えた。

コメを主体とする農村地域も取り上げた。単にコメの生産・経営への不安を描くのではなく、草刈りや水路整備といった公役《くやく》の制度を丹念にルポした。

大規模化や機械化が容易ではない地域に生き、高齢化の中で住民同士が支え合い、地域のために協働する「結《ゆ》い」の精神を大切にする生産者たち。ある高齢の生産者が口にした「ＴＰＰに関心はあるが、われわれにはうまくて安全なコメを作り、消費者にアピールすることしかできない」との言葉が、深く突き刺さった。

一方、ＴＰＰ推進の立場をとるハイテク企業も取材した。ベトナムやマレーシアといったＴＰＰ交渉参加国への直接投資のケースではなかったが、東南アジア諸国連合（ＡＳＥＡＮ）の主要国であるタイに進出する地場企業の目を通して、世界の荒海に立ち向かう機械メーカーの挑戦を追った。「海外の拠点が元気だからこそ、日本にも投資でき、技術や競争力が保てる」と語った経営者の覚悟は、規模や地域性に関係なく、グローバル化への対応なくして、企業が生き残ることができない現実も浮き彫りにした。

このほか、〝政高党低〟で政策議論が進む中で、地元支持者との板挟みとなる農林族国会議員の地元行脚、１９６０年代から輸入自由化にさらされ価格低下にあえぐ林業界、ＴＰＰの影響が最も懸念される畜産農家や大規模コメ農家などを取り上げた。

熊本県以外では、サトウキビという特殊な農産物に依拠し、島全体がＴＰＰに揺れる鹿児島県奄美地方、知的財産や商標登録で実害を被る鹿児島県の焼酎業界などもルポした。

また、米国とのＦＴＡ（自由貿易協定）により国際化が急加速する韓国にも記者を派遣した。輸出にシフトする韓流農業に刺激を受け、自らも輸出戦略を描く熊本の若手後継者の挑戦を紹介した。ＴＰＰに反対する農業界の中でもグローバル化をチャンスと捉え、生き残りを図っていくしかないという生産者の存在も伝えたかったからだ。

このように、現場ルポではグローバル化に対するそれぞれの立場を切り取ったが、興味深いデータを紹介しておきたい。企画の一環として実施した、地元企業が捉えるＴＰＰの影響アンケート結果だ。

「ＴＰＰに対する受け止め」では、自社への影響について「良い」と評価する割合が「悪い」を上回った。にも関わらず、県経済への影響については「悪い」が「良い」を大きく上回る結果となった。自社にとってはプラスでも、地域にとってはマイナスと受け止める傾向がはっきりと出たのだ。ある企業経営者は「農家が打撃を受けると営業にも響く」とコメントしたが、これこそが、地域社会の中で影響が複雑に入り組むＴＰＰの悩ましさであろう。

以前、民主党の前原氏がＴＰＰに反対する農業界に対して、「国内総生産（ＧＤＰ）の中で１・５％しかない第１次産業を守るために他産業が犠牲になる」と口にして議論を呼んだ。確かに、それはある意味では真実だ。しかし、マクロ的な指標であるＧＤＰだけで論じることができないのが地方の現実であることを、アンケートは物語っている。経済界vs農業界、都市vs地方という単一的な視点で捉えられがちなＴＰＰだが、多角的な視点を持ち、互いの視座を理解しつつ論じることが最も大切ではないだろうか。グローバル化の大波にさらされる各界の現場ルポを通して、多様性を持った議論の重要性をあらためて認識させられた。

全国紙にはできない読者を巻き込んだ表現
――読者シンポジウム

企画でもう一つ力を入れたのが、読者との双方向性だ。当時、地元経済界の取材現場でさえ、ＴＰＰの話題をぶつけると、「よく分からないが……」との前置きに続き、「何となく賛成」「何となく反対」という反応が多かった。ましてや一般の県民にとって、マスコミの喧騒と裏腹に、ＴＰＰは情報も不足し、「遠い存在」だった。憲法や安保問題では論調が割れる全国紙も、なぜかＴＰＰにおいてはグローバル化肯定論が目についた。これに対し、住民により近いことを自負する地方紙として、読者を巻き込んだ形でグローバル化と生活の関わりを考えてもらいたい、との思いが強かった。

その柱に位置付けたのが、公開シンポジウムであり、２回、自社で開催した。１回目は、ＴＰＰ交渉が大詰めを迎えていた2013年11月、「TPP交渉から透ける国のかたち　地方の姿」をテーマに開催した。内閣官房のTPP担当企画官を講師兼パネリストに迎え、地元からTPPに賛成する経済界、慎重な農業界、消費者の各代表に加わってもらい、TPPへの率直な見方を語り合ってもらった。約400人の聴講があったが、会場からも「TPPがどうなろうが、地元農家を応援していきたい」「自分たち若者が（TPPに）関心を持っていないことに危機感を感じた」「外国のほうが食品添加物などで厳しいルールがあることが分かり、もっと関心を持つべきだと認識した」など、立場や世代を越えて多くの意見が出された。

付け加えておくと、参加者で意外に多かったのが、自治体の首長を含む行政関係者であった。当時、熊本では県議会にTPP対策特別委員会が設置されていたが、政権の目玉政策であるTPPへの向き合い方に悩む地方自治体の姿を象徴していたように思う。

翌年開いた第2回シンポでは、TPPを理解するということから議論を一歩進め、「これからの熊本農業をどうしていくか」という未来志向の提言に重点を置いた。

農業経済学の生源寺眞一・名古屋大教授を講師に招き、パネリストは地元の首長、農協組合長、有機農業団体代表。当時、議論が過熱していた農協改革をはじめ、農地の多面的機能、農村の価値といった普遍的テーマから、コメや麦などの土地利用型と果樹や畜産などを組み合わせた複合型経営の提言など、議論は幅広く、突っ込んだものとなった。

一方、一連の連載と合わせ、紙面や本紙のWEBを活用してTPPに関する意見も募った。「TPPと農村」「加工食品と消費者」など、ルポ企画と連動させて募集し、賛成、反対双方の意見を紙面で掲載した。ただ、TPPの政府間交渉が長引くにつれ、賛成、反対の先鋭的な意見が目立つようになり、テーマ設定も難しくなっていった。TPPというテーマに対し、いかに継続的に読者にアプローチし、関心を引き寄せていくか。課題も残した。

現場を歩いた記者の肉声を伝える
――実名の記者座談会

企画の一環として、メーンライターの6人による記者座談会を実施し、2日にわたって実名入りで掲載し

農業、地域どうなる？

熊日ＴＰＰシンポ　生産者ら討論

「ＴＰＰと地域経済・社会」をテーマに討論するパネリスト
＝９日午後、熊日本社（大倉尚隆）

環太平洋連携協定（ＴＰＰ）をテーマにしたシンポジウム「国のかたち　地方の姿」が９日、熊本市の熊本日日新聞社本社であり、ＴＰＰ参加が農業や地域社会にもたらす影響や変化について、農業生産者や企業経営者、消費者らが討論した。熊日主催で約２００人が参加した。

パネル討論で、南阿蘇村の阿蘇いちご畑・木之内農園会長の木之内均氏(52)は「『ＴＰＰで厳しくなる』と農業をやめる人が増える可能性がある。われわれのような法人だけでは地域の水路や農道は守っていけない」と危機感を表明。農業の目指す方向性について「技術力という武器を生かしきれていない。技術や農業者を海外へ売り込むべきだ」と語った。

熊本市のフンドーダイ社長、大久保太郎氏(64)は「資源のない日本にＴＰＰに参加しないという選択肢があるのか。賛成反対の垣根を越え、交渉を進める前提で議論をする段階だ」と発言。「加工原料や加工品の一部は関税をなくした方が、(消費者を含め)日本にとって利益となる部分もある」と訴えた。

熊本市の主婦で食育インストラクターの西村由美子氏(50)は「『ＴＰＰで、ものの価格が安くなるのは歓迎だが、賛成するのは少し怖い』というのが多くの消費者の気持ちではないか」と代弁。「ＴＰＰ問題は食の安全や農業、地域社会について考えるきっかけになっている。政府、マスコミは分かりやすく説明してほしい」と要望した。

討論に先立ち、内閣官房ＴＰＰ政府対策本部の吉田竹志企画官(54)が交渉の現状について講演し、「ＴＰＰの先には、現在の交渉参加12カ国だけではなく、アジア太平洋の21の国・地域をカバーする経済統合がある」と狙いを語った。

（太路秀紀）

※19日付朝刊にシンポジウムの詳報を掲載します。

2013年11月10日朝刊

た。少し長くなるが、記者たちがガチンコで意見をぶつけ合った一部を紹介したい。

「グローバル化の中で十分にやっていける農業法人や若手農家もいる。しかし、農地や地域社会を守っている人も多数いる。地域の草刈りや水路の泥さらいといった公役などは、資本主義や効率では測れない世界であり、地域社会が残っていけるか不安だ」「農業県である熊本では、一つの家族の中で親世代は農家だが、息子たちは製造業で働いているという世帯も多い。TPPの受け止めは単純ではない」「工業界にとってTPP参加のメリットは見えにくくても、参加しなかったときのデメリットは見えやすい」「TPPの本質は、対中国を意識した日米軍事同盟の経済版。政治は、この本質の部分をもっと正直に国民に伝えるべきではないか」「経済的な事情から安い食べ物を選ぶ、あるいは選ばざるを得ない人もいるはず。極論すれば、安全性より安さを重視する人の視点も考える必要がある」「日本の農家は、輸出で稼げそうな優秀な農家でも『まずは周りの人、国内の人に安心して食べてもらいたい』との思いが強い。こうした美点や、お国柄の違いを意識した議論が必要だ」「TPPは、勝ち組になりそうな米国側の同盟に入ろうとしている姿勢であり、第2次大戦を引き起こした要因の一つであるブロック経済の再来ではないか」。

記者たちの意見は、骨太だった。この座談会は、本企画が2015年の農業ジャーナリスト賞を受賞した際の選考段階でも評価してもらった。手前みそながら、問題点を分かりやすく整理したうえで、記者の考えを率直に伝えることの重要性を痛感させられた。もちろん、現場を歩き、模索しながらテーマと向き合った記者たちの思いがあればこそ、の企画だった。

歩みの遅い、追いつけない側に立つ役割

私は長く、経済畑に身を置き、経営側を取材してきた。本企画をスタートさせるときも、「国際化は不可欠」との認識から、どちらかといえば、TPPには肯定的だった。しかし、一連の取材を通して見えてきた効率性や市場経済の側面だけでは測ることのできない価値観に触れ、自由競争やグローバル化がもたらす光とともに、影の濃さも見えてきたような気がしている。

いま本紙には、熊本地震という大きな課題が加わった。震災報道に携わる中で、競争主義に陥ることな

く、一番後ろから被災者や県民に伴走していく報道機関であらねばならない、との思いはこれまで以上に強まった。これはＴＰＰをはじめとするグローバル化や農業改革、アベノミクスを検証していく過程でも通底する。

昨今の国会の議論を含め、この国はいま、先頭集団のみに光が当たっているような気がしてならない。歩みの遅い、追いつけない側は「脱落組」として切り捨てられていく。この状況を掘り下げ、食い止めるのが、地方紙の役割であろう。

最後に、ルポ企画で取り上げた熊本県阿蘇市在住のコメ農家の言葉を引用し、取材班からのメッセージとしたい。

「今のＴＰＰの議論は、ＧＤＰや経済成長などゼニカネの話ばかり。それが全てというのは冷静な大人の議論とは言えない。安倍政権が掲げる『稼げる』や『勝ち負け』は、実は農業への語り口ではないんだよね。川にたとえるなら上流が農村で下流が都市。上流がなくなれば下流もなくなる。人が住んでいるから領土も守られる。ＴＰＰは都市部を含めたみんなの問題なんだよ」

（もうり　せいいち）

《地方創生》

「地方消滅」の現実を問う

中国新聞社　報道部　荒木紀貴

地方は消滅してしまうのか?

「このまま人口減少が続けば、全国の市町村の半数が消滅する恐れがある」

「今後到来するのは、大都市圏という限られた地域に人びとが集中し、高密度の中で生活する『極点社会』である」

地方に衝撃を広げる研究結果が公表されたのは2014年のことだった。増田寛也元総務相が座長を務める日本創成会議がまとめた、いわゆる「増田リポート」である。

リポートはその後、「地方消滅」というタイトルで出版され、ベストセラーになった。これに対し、農山村の研究者たちは「増田リポートは、若者たちの田園回帰のトレンドを無視している。農山村は消滅しない」などと反論。地方消滅論を巡る議論が熱を帯びた。

地方消滅——。地方に暮らす者としてショッキングな言葉である。中山間地域を車で走れば、そこかしこで空き家や耕作放棄地を見掛けるし、現実感はある。それでも「消滅」は言い過ぎのようにも感じた。一方で、地方消滅に反論する研究者たちが訴える「田園回帰」の流れも実感としてはなかった。過疎はこれからも続くのか、それともどこかで止まるのか。「現場を回り、答えを探してみたい」と思うようになった。

取材の舞台に選んだのは、全国有数の過疎地として知られる中国山地。中国5県と兵庫県にまたがり、数百〜千メートル級の山々が連なる比較的なだらかな山地である。山々の谷間や盆地には決まって集落があり、人が住み着いているが、高度経済成長期以来、都市部への人口流出に悩まされてきた。この中国山地を訪ね歩き、過疎の行く先を考えようと2015年9月、記者3人、カメラマン1人で取材班を立ち上げた。

正直な気持ちを言えば、取材をはじめる前、「本当に田園回帰の動きが広がっているなら、そこから連載をスタートさせたら面白いかも」と思っていた。過疎地の人口減はいまさら珍しくもないし、「都市から中国山地へ　新しい流れ」というタッチの記事のほうがインパクトもあるように思っていたからだ。

しかし、そんな思いは取材をはじめて間もなく消えていった。過疎の最前線の実態を見てみようと、山深い地域を回ると、消滅の危機にひんした集落があちこちにあった。「現実はかなり厳しい」と痛感させられた。

到来が予想される「大離農時代」

今はすっかり定着した言葉だが、過疎という言葉は造語である。1966年、国の経済審議会がまとめた「20年後の地域経済ビジョン」で初めて使われた。それから50年となる2016年の正月から、連載をはじめた。

最初に取り上げたのは、76〜87歳のお年寄り6人だけになった広島県安芸太田町の那須集落。山あいにぽっかりと開けた「隠れ里」のような集落である。

この集落にはかつて、木地を削って椀《わん》や盆を作る木地職人が暮らし、往時には150人以上が暮らしたが、過疎化で人口は流出。若い世代はいなくなり、いつしか高齢化率100%の集落となった。

それでも、そこに暮らす6人に、悲壮感はあまり感じなかった。草刈りなどの共同作業はさすがにできなくなっていたが、行政が住民の生活を支援。食料品の販売車が来るし、タクシーは割安料金で利用できる。住み慣れた家で暮らし、畑で野菜を作り、生き生きと日々を過ごす。住民は「ここで暮らし、ここで死にたい」と口をそろえた。

むしろ住民が心配しているのは、自分たちがいなくなった後のことである。今でさえ、集落にある25軒のうち、21軒が空き家である。空き家の所有者がときどき、様子を見に戻って来るが、それも今の住民が集落を守っているからこそ、気軽に来ることができる。

住民がいなくなったとき、集落はどうなるのか。家や田畑、山などの個人財産、道路や集会所、水道、電気といった公共インフラは――。集落が無人化したときを想定した準備をしなければならないと感じた。

こうした集落は那須集落に限らない。都会に出ずに集落を守ってきた昭和一桁世代が80歳を超え、担い手が失われようとしているからだ。半世紀にわたり過疎化が続いた結果、過疎地は新たな局面を迎えつつある。

現場を回る一方で、集落の実態について中国山地の全69市町村にアンケートをした。19市町の計83集落が20年以内に無人化し、消滅する恐れがあることが分かった。多くの過疎集落を抱える広島県三次《みよし》市や岡山県新見市を含めた19市町が、消滅の恐れのある集落数を把握していないと答えたことを考えると、83集落という数はさらに増えていく可能性が高い。

この83集落は、調査対象の1万１６７３の全集落から見ると０・７％である。日本の全人口に占める島根県人口の割合も０・５％だ。０・７％を多いと見るか、少ないと見るかは、人によってさまざまだろうが、島根県人口と重ね合わせて考えると、軽視できない数字だと受け止めた。

こうした消滅危機の集落だけでなく、数十人以上がいるような中規模集落でも、子どもはほとんどいない。小学校の統廃合も加速している。「うちの集落はどうなるんじゃろうか」との不安を何度も聞いた。返す言葉が見つからず、胸が詰まった。

集落の全体状況をつかんだ後は、テーマ別に掘り下げる取材を続けた。鉄道やバス路線が細るばかりの公共交通網や高齢化が著しい農林業、平成の大合併で再編された市町村……。全国に先駆けて人口減と高齢化が進んできた中国山地の現実は、なかなか厳しかった。

例えば、農業。大規模化で活路を見いだそうと、小さな田んぼを集めて一体的に経営する集落法人が各地に設立されてきた。ただ、多くの法人で後継者が育たず、将来の展望を開けずにいた。

もともと中国山地は耕作環境に恵まれていない。平地が乏しく、山あいに開いた棚田は狭い。のり面の草刈りや水路の管理に手間を食い、農家の減少と高齢化で負担は重くなるばかり。米価低迷、イノシシやシカの獣害も追い打ちをかける。見渡す平野に農地が広がる東北地方などとは違い、点在する狭い農地を集めて経営しても合理化には限度がある。

本当の谷がくるのはこれからだ。全国調査によると、2015年の都道府県別の農家の平均年齢は、①島根県70・6歳、②山口県70・3歳、③広島県70・2歳――とトップ3を中国地方が占めた。体力が必要な農業に従事する年齢としては、ぎりぎりと言える。既に平均年齢は「上げ止まり」の段階に来ている。

すぐそこに迫るのは何か。大量の高齢農家が一気にリタイアし、農家数が劇的に減少する「大離農時代」の到来だ。

大きな法人だけでは農地は守れない

そんな中でも光はあった。迫り来る転換期を逆手に取ろうしている若い農家だ。企業的な野菜栽培で規模拡大を図っていた。

印象深いのは、広島県庄原市の農業生産法人vegeta（ベジタ）。谷口浩一社長（50歳）は「農業はだめと言われるが、十分やっていける。雇用もつくれる」と自信たっぷりに語っていた。

耕作放棄地を借りては農地を広げ、野菜栽培を拡充。耕作面積は50haに達する。2015年は1億700万円を売り上げ、正社員とパートで計36人を雇用。地域有数の雇用の場でもある。

谷口社長は耕作放棄地の質に着目する。これまでは、日当たりが悪かったり、水路が不便だったりする条件の悪い農地が放棄地となり、農家も見切りを付けてきた。その一方で、条件のいい農地を手放す農家はほとんどいなかった。しかし、大離農時代に入り、条件のいい農地が空いてくるようになれば、さらなる規模拡大のチャンスが来るとみている。

これからの農業を語るに当たり、規模拡大は欠かせない。ただ、ビジネス一辺倒では中国山地のような中山間地域の農業は成り立たない。

中国山地には、生産性を上げるには限界がある狭い農地が多い。企業的な大規模農家ばかりになると、何が起きるのか。生産性の高い農地が残る一方で、条件の悪い農地は荒れ、農山村の荒廃が進む――。そんな将来を招くことにもなりかねない。

「国は『攻めの農業を』と言うが、僕らは『守りの農業』」。広島県の三次市と庄原市で計70haを耕作する株式会社「ライスファーム藤原」の藤原博已社長（51

歳）がこう言っていたのを思い出す。

同社が耕す田んぼは、年老いた農家や、後継者のいない農家から預かった農地が多い。ただ、分散しているため、農地に行くのに車で20分かかる田もあり、規模拡大のメリットがあるとは限らない。それでも「農地の面倒をみてほしい」と言われると、断わらずに引き受ける。「農地を荒らしたくない」との思いからだ。

米価は、藤原社長が20歳のときと比べて半値。経営は楽ではない。病院や学校など広島県内の7事業所への直接販売で利益を確保している。仕事が少ない冬は、シイタケ栽培用の原木の伐採や除雪作業を手伝い、従業員の雇用を保つ。

高齢化で耕作できなくなる農地は今後も増える。「うちも、いくらでも農地を受けられるわけではない。大きな法人だけで農地は守れない」。藤原さんは、いろんな農家を巻き込んで地域の農地を守っていく必要性を感じている。

大規模農家も中小農家も共存できる農山村

中国山地に多い小さな農家が生き残る道はあるのか。新たな取組みは、既に動きだしている。広島県安芸高田市では、株式会社「まごやさい」が注目を集める。

同社が手掛けるのは、都市部のレストランや消費者に新鮮野菜を宅配する直送便だ。農家50戸から収穫したての野菜を買い取り、インターネットで注文を受けて翌朝届ける。広島市を中心に週3回配送し、飲食店やデパートなど50軒と100人を固定客に持つ。

野菜を持ち込んでくるのは、自家用の野菜を作り、余れば近所に配ったり直売所に出したりする程度の零細農家が多い。自分で食べるので安全にこだわって栽培する。連作障害を避けるために多品種を作るので、「まごやさい」が扱う野菜は350品種に及ぶ。

中国山地は、広島市や岡山市といった大きな消費地が、車で1時間程度の近距離にある。そこには、安心安全にこだわる消費者や飲食店が待っている。

安芸高田市内では、有機農業を目指して移住してくる若者が相次ぎ、グループも誕生している。サラリーマン生活に見切りを付け、農村に飛び込んでくる人も目立つ。もちろん売り上げは低く、生活は安定していない。最長で5年間、年150万円（上限額）が支給される国の補助金を支えにしているのが現状ではあるが、何とか自立しようと、仲間同士で切磋琢磨する姿に期待をせずにはいられなかった。

今後、農家数が劇的に減少していく以上、一部の農地が荒れていくのは避けられない。ただ一方で、中国山地の基幹産業は農業であり続けるし、都市住民に食料を供給していく役割はなくなりはしない。

中山間地域の農業を考えるときに忘れてはいけない視点がある。「農業は維持できたが、集落は荒れ果てた」という状況にしないことだ。企業型の大規模農家を育てつつ、地域密着型の中小農家も共存できる重層的な農山村のあり方を目指すべきだと感じる。

林業再生に動くなら今

取材を続ける中で、地味ながらも可能性を秘めていると感じたのが林業だった。

昔から中国山地の農家は、大なり小なり山を持ち、結婚や家の建て替えの際には、木を切って現金を用意した。もちろん、木の成長には長い年月がかかるので、先祖が子や孫のために木を植えて育てるサイクルが成立してきた。まきや木炭は暮らしを支えるエネルギーであり、農家の貴重な収入源だった。第2次大戦前後の大量伐採で、「はげ山」が多かったこともあり、戦後は国が植林を奨励し、中国山地でもスギやヒノキの植林ブームが起こった。

しかしその後、暮らしのエネルギーは石油やガス、電気に転換した。建築用の木材も輸入材に押されて国産材価格は低迷を続け、林業は急速に衰退した。農家も山から遠ざかり、木の手入れをしなくなった。

往時と比べて、今も木材価格は低迷が続く。だが一方で、半世紀前に先人が植えたスギやヒノキはいま、高さ20mを超す大木に育ち、切りどきを迎えている。この財産をどう生かすかが問われる。

島根県吉賀町の伐採現場を訪れた。山は一面、バリカンで刈ったように木が切り取られ、山肌があらわになっていた。事業区の木をすべて伐採する「主伐」である。切った木は架線につるされ、次々に下ろされてくる。麓で待つのは「プロセッサ」と呼ばれる高性能機械だ。アームの先端で幹をつかんで一気に枝を払い落とし、長さ4mずつに切断。太さや形状に応じて仕分ける。機械を操るのは若い従業員たちだ。

事業主体は同県益田市の伸和産業。地権者から立木を買い取り、7か月かけて伐採。10tトラックで30

0台分の木材を運び出し、合板工場や製紙会社に販売する。2015年に稼働をはじめた同県江津市と松江市の木質バイオマス発電所にも供給する。篠原憲社長は「造林されたスギ、ヒノキが切れる時代になり、『買ってほしい』という山主も多い。仕事は増えている」と話した。

林業には、わずかながらも追い風が吹く。2007〜2008年に、ロシアが針葉樹丸太の輸出税率を約4倍に引き上げ、円安で外国産材の価格が上がり、国産材のニーズが高まった。バイオマス発電所の相次ぐ立地も需要を押し上げた。

同社の売り上げはこの5年で約3割増え、関連会社を含めた従業員も60人から80人に。関東や関西から就職する若者もいる。木材価格が上がらないのが悩ましいが、篠原社長は「過疎地の雇用の受け皿になれればば」と意気込む。

国や県も国産材への支援を強めている。約2万haの県営林を持つ広島県は2016年度から「主伐」を本格化。県内の製材工場などから「県産材が安定的に供給される体制を」と要望が寄せられており、県林業振興部は「攻めの姿勢」を鮮明にしている。

ネックとなるのは、切った後の植林だ。木材価格がなかなか上昇しない中、山主任せでは植林は進まない。将来どれだけの国産材が必要になるのか、大まかにでも計算し、国、県、市町村が計画的な植林を後押ししていくべきだろう。

山離れが長く続いてきた影響で、山に入る人が激減し、山主でさえ自分の山の境界線がどこなのかが分からなくなっている。地籍調査も進んでいない。山主が代替わりすると、その深刻さは増す。動くなら今だと感じる。

じわじわ増えている農山村への移住者

1年近くの取材の中で、最も可能性を感じたのは若者の田園回帰だ。各地で移住者が増えていると聞いてはいたが、中国山地を回り、そのうねりを体感した。

広島県北広島町の吉木地区で見た光景が忘れられない。この6年間で子育て中の5世帯が次々に転入。さらに2世帯が移住してくる予定というのだ。

吉木地区は、広島市から高速道路で1時間ほどの距離にある。中国山地ならどこにでもあるような人口約300人の山里だ。地元の住民が呼び込んだわけでもないのに、自然発生的に移住者が相次いでいた。

農薬や化学肥料を使わずに野菜を栽培し宅配で消費者に直接販売する東京農業大卒の農家、夫婦で「森のようちえん」開園を目指す教員、広島市に通って美容院を経営しつつ田舎で子育てに励む美容師夫婦、東日本大震災を機に東京から移住した生け花作家……。それぞれが空き家バンクなどで移住先を探す中で、夢を実現する場として吉木地区を選び、やって来た。

吉木地区では、新たな住民が消防団や自治会に加わり、祭りのみこしやとんどが相次いで復活した。「いろんな人から吉木はすごいねと言われる」。誇らしげな地元の若者の笑顔が印象に残っている。

40歳代半ばの筆者が若いときを振り返ると、田舎暮らしを望む同世代は周囲にいなかった。田舎に移り住む若者の姿を見ながら、時代の変化を感じた。右肩上がりは過去のもの。グローバル競争で格差も広がる不安定な時代だ。都市は東日本大震災でもろさを露呈したし、これからは高齢化が深刻化していく。「幸せ」の価値観が一層多様化する中、若い世代に一定数の田舎志向の層があることを実感した。

移住者はじわじわ増えている。2015年度、広島県では県や市町の窓口に相談して移住した世帯が109となり、これは5年前の2・5倍だった。本格的な調査を始めた島根県では、2015年度のUターン・Iターン者が4252人に上った。ただ、データの取り方は各県で違い、移住者の定義もばらばらなので、国全体のデータは判然としない。

田舎への移住の流れを理由に、「過疎はもう底を打った」という研究者もいる。移住の流れは一過性ではないと感じるが、中国山地全体の過疎を止めるだけのものがあるか。人口減が止まらず、少子化が加速している集落の実態を考えると、そこまでのボリュームがあるとは言い切れない。

日本全体で人口減が始まり、少子化に歯止めはかかっていない。各市町村が移住者誘致に乗り出せば、縮小する若者のパイを奪い合う構図になる。移住者への過度の期待は禁物だろう。

住民次第で新たな時代は展望できる

移住者の数を増やすことも大事だろうが、まずは移住してきた人が生活の糧を得て、地域になじんで定着できるような後押しが欲しい。取材の中でいろいろ考えさせられることが多かった。

過疎地は、人口減が深刻なだけに外部の力を借りたいと思っている。一方で、よそ者を警戒する気持ちがあるのも事実だ。ある町の地域おこし協力隊として移住してきた男性は、「地元の人は風穴をあけてほしいと言いながら、よそ者が新しいことを提案しても、自分のスタイルは変えようとはしない。価値観がこんなに内向きとは思わなかった」とこぼしていた。

地域の有力者が、移住者には空き家を貸さないように仕向けていた事例も聞いた。田舎暮らしや地域おこしをしたくて移り住んでくる若者を生かすも、生かさぬも地元次第と言える。

よそ者の力を借りて地域づくりを前に進めていくうえで参考になる事例もいくつか取材した。島根県美郷《みさと》町の「山くじら」事業の取組みは示唆に富んでいる。

もともとは、町内の猟師約60人が2004年に組合を結成。地元で「山くじら」と呼ばれたイノシシ肉を加工し、県内外に出荷してきた。だが売り上げは年500万~800万円で頭打ち。専従職員を雇えず、メンバーの高齢化が進み、活動を継続していけるかどうか不安が出ていたが、2014年に、地域おこし協力隊を受け入れ、好転した。

東京などから移り住んできた若者3人に事業を譲り渡す――。組合のメンバーは、他地域では見られなかった決断をした。発奮した若者3人も商品開発や販路開拓に駆け回り、2015年の売り上げは1000万円を突破した。2017年には会社を立ち上げ、売り上げ2000万円を目指す。新商品の缶詰が好評で、3人が定住する受け皿が整いつつある。

既得権を手放す覚悟でよそ者や若者を支え、地元の資源を磨き直し、小さな雇用を積み重ねる。地域の魅力が次第に高まり、都会にいる出身者も古里の良さを見直して、Uターンを目指す。そんな好循環が生まれれば、地域は再生に向かう。

過疎の終わりはなかなか見えない。消滅する集落も今後増えるだろう。農林業も厳しさをあげればきりはないが、やりようがあることも分かった。実際に動きだしている人たちもいる。田舎には田舎の良さがあり、それを求めて移り住む若者も増えている。

よそ者の力もうまく取り入れながら、先人から営々と引き継がれてきた地元の良さを磨いて、都会人がうらやむ豊かな地域に再生させられるか。その成否は、住民の取組みにかかっている。新たな時代を前に、中国山地はいま岐路に立っている。

◇

中国山地をフィールドにした中国新聞の長期連載は1966〜1967年、1984〜1985年、2002年に続いて4回目だった。この半世紀、一定の期間を置いては記者が山あいを歩き、過疎を問い続けてきた。いずれも地域の記録として出版し、今回も2016年末に『中国山地　過疎50年』のタイトルで未来社から刊行された。5回目の連載のときに、どんな光景が中国山地に広がっているのだろう。このリレーが後輩に引き継がれることを確信している。

（あらき　のりたか）

執筆者（執筆順）

内田　樹	神戸女学院大学名誉教授
花田達朗	早稲田大学教育・総合科学学術院教授
金子　勝	慶應義塾大学経済学部教授
小松泰信	岡山大学大学院環境生命科学研究科教授
永田浩三	武蔵大学社会学部メディア社会学科教授
北島三男	福井新聞社　参与・特別論説委員
石橋　学	神奈川新聞社　デジタル編集部編集委員
平良秀明	沖縄タイムス社　デジタル部部長
川口桂子	デーリー東北新聞社　文化部長
木村友祐	作家
中島　剛	河北新報社　報道部震災取材班
紺野正人	福島民報社郡山本社　報道部長
森川　純	北海道新聞社　論説委員
中河孝博	高知新聞社　論説委員
毛利聖一	熊本日日新聞社　編集委員
荒木紀貴	中国新聞社　報道部

農文協ブックレット 17

地方紙の眼力

改憲・安全保障・震災復興・原発・TPP・地方創生

2017 年 5 月 15 日　第 1 刷発行

編者　一般社団法人　農山漁村文化協会

発行所　一般社団法人　農山漁村文化協会
〒 107-8668　東京都港区赤坂 7 丁目 6-1
電話　03（3585）1141（営業）　03（3585）1145（編集）
FAX　03（3585）3668　振替　00120-3-144478
URL　http://www.ruralnet.or.jp/

ISBN978-4-540-17103-1
〈検印廃止〉

DTP 制作／㈱農文協プロダクション
印刷・製本／凸版印刷㈱
乱丁・落丁本はお取り替えいたします。